DICTIONNAIRE GALIBI,

PRÉSENTÉ SOUS DEUX FORMES;

I° *Commençant par le mot* FRANÇOIS;
II° *Par le mot* GALIBI.

PRECÉDÉ D'UN ESSAI DE GRAMMAIRE.

Par M. D. L. S.

A PARIS,
Chez BAUCHE, Libraire, Quai des Augustins, à l'Image Sainte Genevieve & à Saint Jean dans le Désert.

M DCC LXIII.

AVEC APPROBATION, ET PRIVILEGE DU ROI.

PREFACE.

UN Dictionnaire Galibi peut être regardé comme une des ſources principales du ſuccès que l'on eſt en droit d'eſpérer dans l'établiſſement de la nouvelle Colonie de Cayenne.

Pour s'établir au milieu des terres dans un pays inconnu, habité par des Sauvages qui en ſont les Maîtres, pour les faire concourir à l'exécution de ce projet, ne faut-il pas pouvoir traiter & commercer avec eux? La connoiſſance de leur langue eſt donc néceſſaire pour y parvenir.

On a des interpretes: mais les interpretes ſaiſiſſent-ils toujours bien ce qu'on leur fait dire? Ont-ils quelquefois le talent de mettre la tournure néceſſaire dans des négociations difficiles? Eſt-on toujours ſûr de leur fidélité? J'irai plus loin; eſt-on bien ſûr qu'ils entendent parfaitement les deux langues? Le mieux ſeroit, ſans doute, de rendre à tous les Colons, celle des Sauvages familiere. Je n'entrerai point dans le détail des avantages que la Colonie en pourroit retirer pour pénétrer plus avant dans les terres, & pour faire des découvertes en tout genre.

La plûpart des nations ſauvages ont un langage tout différent les unes des autres; & ces nations ſont éparſes, ainſi que les Galibis, dans le continent : ce seroit un obstacle presque insurmontable, pour y pénétrer, si la langue des Galibis qui habitoient anciennement l'Isle de Cayenne, qui étoient, & qui sont encore répandus dans toute la Guyane, jusqu'aux environs de l'Orenoque, n'étoit une des trois langues universelles connues de toutes les nations ou du moins de leurs chefs. C'est un fait, dont tous les Voyageurs, qui ont vécu parmi eux, conviennent. C'est donc à elle qu'il faut s'attacher, d'autant que nous avons déja quelques secours à cet égard.

Il faut en convenir de bonne foi. Un Dictionnaire Galibi ne peut guères être utile qu'à ceux qui habitent, ou voudroient habiter la Guyane ; qu'en resulte-t-il ? Que c'est pour eux seuls qu'il faut le faire.

S'il n'étoit question que de copier, même de mieux ranger les mots conservés dans quelques Dictionnaires, & d'y joindre le peu d'observations qu'on y trouve, ce seroit un ouvrage assez facile, un peu meilleur que ceux qui ont paru en ce genre, & presqu'aussi imparfait. Il auroit le mérite de réunir ce qui est épars, & de suppléer par-là au défaut des livres différens sur cette matiere, que les Colons, qui voudroient s'instruire, auroient de la peine à se procurer. Mais quelques mots d'un usage ordinaire, & que l'on parviendroit à retenir, instruiroient-ils du génie de la langue ? Demêleroit-on, par rapport à ces mots, l'arrangement qui leur est propre ?

Un Essai de Grammaire raisonnée, une Syntaxe qui, malheureusement, par les connoissances que j'en ai pu prendre, ne seroit que trop abrégée, paroissent donc indispensables. On n'y dira pas tout ce qu'il seroit important de sçavoir; les secours manquent: on dira du moins le peu que l'on sçait, & ce peu mettra ceux qui iront dans le pays, en état de nous en apprendre davantage.

La forme, qui seroit préférable pour cet Essai de Grammaire, est, sans doute, par rapport aux principes généraux & à la construction, celle qui offre la comparaison de la langue qu'on sçait, avec celle qu'on veut apprendre. Quoi de plus simple? On exposera en abrégé les principes de la langue françoise, & on en fera l'application à la langue des Galibis.

Les sources, où l'on a puisé, sont différens Dictionnaires; les deux ouvrages du sieur Barrere, Médecin, Botaniste du Roi à Cayenne; diverses Relations de Voyageurs, tant imprimées, que manuscrites. Barrere & les Voyageurs ont conservé quelques mots isolés; les Dictionnaires, qui en citent davantage, & qui ont rapporté quelques phrases, laissent encore beaucoup à desirer. Dans le peu de regles qu'ils donnent, ils se contredisent quelquefois; leurs observations ne sont pas toujours assujetties à des principes certains; ils peuvent même souvent égarer sur la vraie signification des mots. La traduction des phrases n'y est pas assez littérale. Ils ne font souvent que rendre l'équivalent dans une façon de parler, propre à la langue françoise.

Un exemple rendra cette vérité plus sensible. Qui traduiroit ces deux mots *amoré banaré*, par ceux-ci, *bonjour*, *compere*, feroit croire que, *banaré* signifiant compere, *amoré* exprime *bonjour*. *Amoré* ne veut dire que *toi*; au lieu de se servir du tour que nous employons, les Sauvages s'expriment par ce mot simple, *toi*, comme s'ils disoient : *c'est toi*, *compere*, d'autant que le verbe auxiliaire *être* n'existe point dans leur langue. Les mêmes mots *amoré banaré*, se trouvent traduits aussi par ces mots, *Ne craignez rien*, *compere*. Quelle confusion !

Par le détail un peu minutieux, peut-être, qui va suivre sur les Auteurs des Dictionnaires relativement à leur ouvrage, il sera aisé de juger de l'étendue des connoissances qu'ils ont pu acquérir sur la langue des Galibis; on pourra demêler ou entrevoir la cause des différences qui les distinguent, par rapport aux mots qu'ils rapportent; on sera enfin à portée d'apprécier le degré de confiance, que chacun mérite.

Le plus ancien Dictionnaire Galibi, qui soit venu à ma connoissance, est celui que Paul Boyer, Ecuyer, Sieur de Petit Puy, fit imprimer à Paris, *in*-8°, en 1654, page 193 de la Relation qu'il publia cette année, *du Voyage du*

Sieur de Bretigny, *à l'Amerique occidentale en* 1643. Ce n'est qu'un simple vocabulaire. Même avec le dessein de faire mieux, c'étoit tout ce que cet Auteur pouvoit faire dans le peu de tems qu'il est resté dans le pays. Le sieur de Bretigny arrive à Cayenne, le 23 Novembre 1643: il y est assassiné par les Sauvages en 1644; & sa mort fut suivie de la destruction entiere de la Colonie. Boyer n'avoit guères été qu'un an en Guyane.

En 1655, le P. Pelleprat, Jésuite, fit imprimer *in-12*, à Paris, *une Introduction à la langue des Galibis*, à la suite de son livre intitulé, *Relation des Missions des Peres de la Compagnie de Jesus, dans les Isles, & dans la terre ferme de l'Amérique méridionale, divisée en deux parties.*

Cette partie de la terre ferme étoit aux environs de l'Orenoque; voici quelle fut l'occasion du voyage qu'y fit le P. Pelleprat.

En 1651, le P. Denis Méland, ancien Missionnaire de l'Amerique, avoit si bien gagné les esprits des Galibis, qui étoient venus s'établir dans un quartier de l'Isle de la Grenade, qu'ils l'introduisirent en terre ferme par *la bouche du Dragon* sur la riviere d'Ouarabiche. Cette riviere tombe dans le Golfe *Paria*; & le *Carbet* des Galibis, où le P. Méland fut reçu, étoit à quarante lieues de la mer. Quelques présens lui attirerent l'estime & la confiance de ces Sauvages; il s'appliqua à apprendre leur langue : il y employoit dix heures par jour ; il tâchoit de la réduire en préceptes. Un jeune François, qui étoit venu avec lui, se contentoit de remarquer la façon la plus ordinaire de parler des Sauvages pour s'en servir dans l'occasion ; l'un & l'autre en conféroient souvent ensemble. Le P. Méland tomba dangereusement malade ; & à peine rétabli, il revint aux Isles un an après en être parti, mais sans perdre le desir & le dessein de retourner dans la terre ferme, avec des Missionnaires, qui l'aidassent, & concourussent avec lui à la conversion des infidéles.

En 1653, le P. Pelleprat lui fut associé. Ils partirent de la Martinique, le 20 Juin, pour aller s'établir dans quelque endroit de la Guyane, au cas que le poste d'Ouarabiche leur manquât. Ils arriverent à leur ancien Carbet, le 9 d'Août, & furent très-bien reçus des Galibis. Le P. Méland fut obligé de partir le 7 de Septembre de la même année, pour se rendre à S. Thomas, sur l'invitation du Gouverneur de l'Isle de la Trinité.

Le P. Pelleprat resta seul à Ouarabiche. Une enflure prodigieuse qui lui survint aux jambes & aux pieds, l'empêchant de sortir, il passoit tous les jours plusieurs heures à l'étude de la langue des Galibis, & à composer un Dictionnaire pour son usage, & pour celui des autres Missionnaires, qui pourroient venir dans le pays. Les Mémoires du P. Méland lui furent très-utiles. Il trouvoit dans cette occupation un attrait, en ce que cette langue est presque universelle pour les différentes nations sauvages. Il l'apprit assez bien pour pouvoir prêcher ; & il ajoûte que les *Camanagotes*, qui habitoient aux environs de Cumana, étoient les seuls qui ne l'entendissent pas. Il trouvoit d'ailleurs la langue si riche & si abondante, qu'il a quelquefois remarqué vingt-quatre mots, pour signifier une même chose. Cette fécondité l'avoit engagé à faire deux Dictionnaires; l'un où il ne mettoit qu'un mot pour exprimer une chose, ce qui étoit suffisant pour apprendre à parler ; l'autre, qui étoit nécessaire pour entendre, d'autant qu'on y trouvoit tous les termes qui ont une même signification.

Ces Dictionnaires n'ont point été imprimés, & son Introduction à la langue des Galibis n'annonce rien qui indique cette abondance qui l'avoit frapé. Il y a quelques bonnes observations, peu d'ordre, nulle méthode, & le nombre des mots & des phrases n'est pas fort considérable. On y remarque des différences entre la langue des Galibis, du Cap de Nord, de qui Boyer avoit emprunté les mots qu'il rapporte, & celle des Galibis, des bords de l'Ouarabiche, parmi lesquels le P. Méland & le P. Pelleprat avoient vécu. Celui-ci ne fit pas un long séjour avec les Sauvages. Une indisposition, qui ne diminuoit point, l'obligea de retourner aux Isles pour y chercher quelque remede. Il partit le 22 Janvier 1654, après un sejour de cinq mois au plus, & repassa en France, au commencement de 1655.

A la suite du *Voyage de la France équinoxiale en l'Isle de Cayenne, entrepris par les François en 1652, divisé en trois livres par Antoine Biet, Prêtre-Curé de Sainte-Genevieve de Senlis, Supérieur des Prêtres qui ont passé dans le pays*, & imprimé *in*-4°, à Paris, en 1654, on trouve un Dictionnaire de la langue des Galibis, précédé de quelques remarques générales.

Ces remarques sont en petit nombre, & très-superficielles. Elles ne s'accordent pas toujours ni avec celles du P. Pelleprat, ni même avec quelques citations de Biet lui-même. Ce n'est guères au surplus que le vocabulaire de Boyer, dont l'ordre est peu changé, & dans lequel, à chaque mot, il a cité quelques phrases en Galibi, dont la traduction en François est souvent sans exactitude sur la vraie signification de chaque mot. Biet étoit parti pour Cayenne le 18 Mai 1652 : il y arriva le 29 Septembre, & en repartit le 26 Décembre 1653, quinze mois après y être arrivé.

Par la lecture de ce voyage, ainsi que par le détail des révolutions qui se sont passées pendant son séjour à Cayenne, on peut assurer qu'il n'a pas eu le tems d'étudier la Langue des Galibis. On ne courroit point le risque de se tromper, en supposant qu'il n'a fait que joindre à sa relation un recueil de mots &

d'obſervations, qui lui avoit été communiqué. Cette ſuppoſition, toute naturelle qu'elle eſt, ceſſe d'en être une par le fait même. Le ſieur Bigot dit l'*Indien*, dont Biet parle pluſieurs fois dans ſon Livre, avoit été du voyage. Une note écrite de ſa main ſur un exemplaire de ce Livre qui lui avoit appartenu, nous apprend que ce Dictionnaire étoit celui qui lui avoit été communiqué, ſur lequel il avoit appris la Langue des Galibis, quand il ſe diſpoſoit à ſuivre le Marquis de Royville ſon parrein & ſon protecteur, & qu'il l'avoit remis au ſieur Biet.

Tout ce détail m'a paru néceſſaire pour indiquer à-peu-près les notions qu'il eſt poſſible de raſſembler ſur la Langue des Galibis, & pour prouver combien elles ſont imparfaites.

Pluſieurs raiſons ſemblent encore ſe réunir pour augmenter la difficulté de fixer cette Langue, & de la faire connoître exactement.

Un des principaux obſtacles paroît venir de l'uſage où ſont les Galibis, & de la facilité qu'ils ſe permettent de ſubſtituer arbitrairement au-devant d'une voyelle, une conſonne à la place d'une autre, ce qui néceſſairement produit un ſon différent. Parmi eux la lettre *L* ſe prononce également comme *R*, & *R* comme *L*. *Balana*, Mer, *Parana*; *Oquili*, Mâle, *Oquiri*. *B*. eſt l'équivalent de *P*, & *P* de *B*. *Conopo*, Pluye, *Connobo*; *Bouito*, Jeune, *Poito*; *Oubaou*, Iſle, *Oupaou*. On ſe ſert de *C* au lieu de *G*, & de *G*. au lieu de *C*. *Calina*, Galibi, *Galina*, &c.

Il seroit difficile de déterminer jusqu'à quel point ils étendent cet usage. Quoiqu'il y ait plusieurs preuves qui confirment qu'il existe, la plûpart de ces changemens pourroient avoir pour origine la maniere dont les Européens ont écrit les mots qu'ils entendoient prononcer. C'est une des causes de ces altérations, peut-être la plus commune, du moins la plus vraisemblable. En effet on écrit comme on entend, on n'écrit pas toujours comme on a entendu ; on n'a souvent écrit que sur des oui-dire, & le mot peut déja avoir été altéré : de plus, chacun a sa façon d'écrire qui lui est particuliere, ou qu'il adopte avec une espece de droit, puisqu'il n'y a point de Livre écrit dans cette Langue, & par conséquent point de regle fixe ; aussi lit-on *Chimugué*, *Chimugai*, Couper ; *Hué*, *we*, *wai* ; *Bois*, & ainsi des autres. N'y a-t-il pas encore des consonnes qui produisent le même son ? *Ca* ou *Ka*, *Ké* ou *Qué*, *Cé* ou *Sé*, &c. Enfin on peut encore se tromper sur un mot qu'on entend prononcer rapidement, & par rapport auquel il est si aisé de supprimer une lettre ou de la transposer. C'est ainsi qu'*Aouara*, *Ouara*, *Oura*, expriment une espece de Palmier ; *Enouara*, *Neouara*, signifient *Comme*, *Semblable*, *Pareil*. L'analogie, qui s'y trouve, indique que ce sont les mêmes mots, un peu changés, à la vérité, par une des causes qui ont été détaillées.

Comme l'objet qu'on doit se proposer est de faciliter l'étude de la Langue des Galibis,

& de chercher à diminuer les difficultés qui naîtroient de cette variété de termes applicables au même objet, on a cru nécessaire de donner deux Dictionnaires; un qui commencera par le mot François, auquel on rapportera toutes les petites différences qui pourroient se trouver dans le mot Galibi qui y répond. Pour une plus grande exactitude, & pour acquérir en quelque sorte plus de confiance, on joindra à chacune de ces différences la lettre initiale des Auteurs dont elle a été tirée, & la page où elle se trouve dans leur ouvrage. Ce Dictionnaire François-Galibi aura en conséquence moins d'articles, quoiqu'avec autant de mots que le Dictionnaire Galibi-François, qui commencera par les mots Galibis. Au mot *Tête*, par exemple, on rapportera

Oupoupo, Bo. 428.
Opoupo, Bi. 430.
Youpopo, Bo. 399.
Oubouppo, P. 17.
Boppo, *Yais*, Laet. 642.

Tous ces mots feront autant d'articles dans le Dictionnaire Galibi-François.

A ces deux premieres sources d'embarras, il s'en joint une troisiéme qui se confond quelquefois avec les deux autres. En effet cette variété peut dépendre de la différence des lieux qu'habitent les diverses peuplades des Galibis. Un Picard, un Gascon, un Provençal, tous François, ne prononcent, n'écrivent pas de la même maniere un mot qui, dans le fond, eſt le même : l'accent, le ton, les ſyllabes allongées, d'autres comme muettes, ou exprimées moins fortement, préſentent des nuances qui ſemblent former comme autant de dialectes.

Il y a auſſi des mots qui n'appartiennent pas dans leur principe à la Langue des Galibis; je ne parle pas de ceux qu'ils ont adoptés des Européens, ni de ceux qu'ils ont créés pour rendre un objet nouveau qui leur étoit inconnu; j'en ferai mention dans la ſuite; je veux parler de ceux qui ſe ſont probablement introduits parmi eux, par la ſimple communication avec d'autres Nations ſauvages, dont le langage eſt totalement différent. La relation de commerce & d'intérêts doit produire entre deux Peuples qui ont à traiter enſemble, une augmentation réciproque de ſignes néceſſaires à cette relation. Chacune des deux Langues s'enrichit; l'avantage qui en réſulte, eſt la facilité de mieux s'entendre. On a déja pu remarquer que les Galibis de la riviere d'Ouarabiche, ou des environs de l'Orenoque, avoient des mots qui ne paroiſſent pas être du langage des Galibis du Cap de Nord.

Enfin l'uſage arbitraire de certaines particules ajoûtées à la fin d'un mot, qui, n'ayant aucune expreſſion par elles-mêmes, ne ſervent qu'au nombre ou à l'élégance, peut encore embarraſſer. On aura l'attention de les diſtinguer de celles qui ſont ſignificatives & qui préſentent quelque idée.

Il eſt vraiſemblable qu'on ne connoît qu'une partie de la Langue des Galibis. Les François n'avoient intérêt que d'apprendre ce qui leur étoit néceſſaire pour leurs beſoins, pour leur commerce, & pour entretenir avec les Sauvages une correſpondance d'amitié utile aux uns & aux autres. Les Miſſionnaires ont dû s'appliquer à s'inſtruire de ce qui pouvoit les aider à expliquer les myſteres de la Religion.

On a vu que le P. Pelleprat atteſte la fécondité de cette Langue qui, ſelon lui, a quelquefois vingt-quatre mots pour ſignifier la même choſe. Examinons quel fonds on doit faire ſur une opinion auſſi legérement avancée, auſſi peu prouvée, & dont quelques réflexions démontreront la fauſſeté.

Si la richeſſe d'une Langue dépend en partie du nombre de mots differens, repréſentatifs de la même idée, ce qu'on connoît de la Langue des Galibis ſemble devoir perſuader qu'elle eſt pauvre à cet égard, puiſque le même mot ſert ſouvent à rendre pluſieurs idées, ou du moins diverſes nuances ou rapports de la même idée.

EXEMPLE.

Toroua. *Chaudiere, Canari, Pot, Marmite.*
Boutou boutouli. *Clef, Clou.*
Palapi, Parapi, Prapi. *Plat, Aſſiette.*
Ouimbo. *Ventre, Entrailles, Boyaux.*

Calita, Calata, Carata. *Lettre*, *Écriture*, *Papier.*

Segaliti. *Enseigner*, *dire*, *montrer.*

Apoto, Poto. *gros*, *enflé.*

Les contraires n'ont souvent point d'expression propre.

Iroupa. *Bon*, *homme de bien.* Iroupa oua. *Méchant*, *mauvais.*

Nª. *Oua* veut dire *Non.*

Etombé, *Malade.* Etombé oua, *Sain*, *qui se porte bien.*

Tegueré, *Puer.* Tegueré oua, *Sentir bon.*

Une autre preuve de la richesse d'une Langue, se tire & de l'abondance des tours de phrases, & de la quantité de moyens d'exprimer les temps, les modes ou les manieres de signifier d'une façon déterminée ou indéfinie. Il sera aisé de démontrer que cette preuve manque à la Langue des Galibis. Quand il seroit vrai qu'ils eussent quelques terminaisons différentes pour exprimer le temps dans quelques verbes, la façon la plus ordinaire est celle-ci :

J'ai aimé.

Moi aimer autrefois.

J'aimerai.

Moi aimer tantôt, *demain*, &c.

Ces exemples donnent aussi une idée de leur construction. C'est celle qu'employe un Enfant, qui, à peine instruit de quelques mots propres à être appliqués sur ce qui l'environne ou l'intéresse, ne fait que joindre, sans aucun art, son perſonnel avec le deſir & le ſentiment qui l'affecte. Au lieu de dire, *Je voudrois du pain*; l'Enfant & le Galibi diront, *Moi vouloir pain.* (Aou icé meyou). Je ſuis malade, *Moi malade.* (Aou etombé).

On peut juger des conſtructions plus compliquées par l'exemple ſuivant:

Les Femmes portent du bois ſur leur dos.
Ouali ſarai vuëvuë caſtubo.
Femmes porter bois dos.

La Grammaire raiſonnée apprendra que les Galibis ſuppriment les Articles, les Pronoms relatifs, & ſouvent les Prépoſitions.

Il paroît aſſez démontré que leur Langue n'eſt pas abondante; il ſeroit auſſi facile de prouver qu'elle ne peut pas l'être. Il ſuffiroit de jetter un coup d'œil ſur leur genre de vie, ſur leurs mœurs, ſur leurs occupations, ſur le peu de connoiſſances qu'ils ont ou qu'ils peuvent avoir.

Moins il y a d'objets propres à fixer les idées, moins a-t-on occaſion de les comparer & d'en former de nouvelles, & moins par conſéquent a-t-on beſoin de moyens pour les rendre. Les nuances des ſentimens, des actions, ne ſont-elles pas ſenties? Les termes pour rendre ces différences ne doivent pas exiſter: il en eſt de même des mots qui ſeroient relatifs aux Sciences & aux Arts que les Sauvages ignorent, aux notions phyſiques, & autres en tout genre qui leur manquent. Ce qui concerne leur individu, leur culture, leurs beſoins, leurs usages; voilà le cercle étroit dans lequel doit probablement se renfermer l'ancienne Langue des Galibis. Je dis ancienne, parce que la communication avec les Européens a dû l'enrichir.

De nouvelles combinaisons ont dû se former dans leur esprit; des mots nouveaux se seront introduits nécessairement.

Ils en ont adopté des Européens. Cabaïo, *Cheval.* Vacca, Paca, *Bœuf, Taureau, Vache, Génisse*; Sombrairo, *Chapeau*; Diosso, *Dieu*, viennent de l'Espagnol.

Brandevin, *Eau-de-vie*, est un mot Flamand, & ainsi de beaucoup d'autres.

Ils en ont créé pour ce qui leur étoit nouveau; &, suivant leur usage, ils ont cherché à imiter dans la dénomination le son ou le bruit que rend la chose qu'ils veulent exprimer. Ils donnent le nom d'*Occo* ou d'*Hoco* à un certain Oiseau, parce qu'il semble par son cri prononcer ces deux syllabes. C'est par le même principe que *Tintin* est pour eux un marteau; *Corotogo* qui équivaut à notre *Coquerico*, signifie une Poule, un Coq, toute espece de volaille, &c.

Quelquefois ils ont donné une signification plus étendue à un mot déja en usage parmi eux, en comprenant sous le même terme ce qu'ils ne connoissoient pas, mais qui avoit quelque rapport avec ce qu'ils connoissoient. *Camisa* étoit le tablier dont ils couvroient leur nudité, ils l'ont étendu à toutes sortes de vêtemens, linge, toile, &c.

ESSAI

ESSAI
DE
GRAMMAIRE
SUR LA LANGUE
DES GALIBIS.

DES PARTIES D'ORAISON.

IL y a dans la langue des Galibis, des Noms, des Pronoms, des Verbes, des Conjonctions, des Prépositions, des Adverbes & même des Particules dont les unes ont quelque signification, les autres ne servent qu'à l'élégance.

EN FRANÇOIS, il y a deux genres, le masculin & le féminin.

Il y a deux nombres, le singulier qui s'entend d'un seul, comme *un livre*, le plurier qui s'entend de plusieurs, comme *des livres*.

Il y a des petits mots que l'on appelle articles, qui servent à distinguer les cas, le masculin d'avec le féminin, & le singulier d'avec le plurier; sçavoir, *le*, *un*, pour marquer le nominatif, le masculin & le singulier; *la*, *une*, pour le féminin, *les*, pour le plurier & tous les genres.

LES GALIBIS n'ont rien dans leur langue qui

fasse la distinction du genre, du nombre & des cas qui sont au nombre de six pour la déclinaison de chaque mot, sçavoir :

SINGULIER.

Nominatif	le, un, la, une.
Genitif	du, d'un, de la, d'une.
Datif	à, au, à la, à une.
Accusatif	le, un, la, une.
Vocatif	ô
Ablatif	du, d'un, de la, d'une.

Pour le plurier, ils se servent du mot *papo*, qui signifie *tous*. Voyez l'observation à l'art. des noms.

Quoiqu'il n'y ait rien qui caractérise le Vocatif dans la langue des Galibis, Biet (395) prétend qu'ils se servent de ce cas pour appeller quelqu'un, ce qu'ils font de deux manieres. Quand ils sont près les uns des autres, ils disent : *Acné tigami*, viens, ô mon fils. Lorsqu'ils sont éloignés, comme quand il se rencontre deux canots sur la mer & qu'ils craignent que ce ne soit quelqu'ennemi, ils demandent en s'écriant :

Nec moré sé, nec more do ?
qui toi ? qui toi ?

Qui toi ? est comme si nous disions en françois : *Qui es-tu ?* Au lieu de répondre, *je suis Biromon*, ils disent simplement, *Biromon sé*.

Nota 1°. Les particules *sé* & *do*, à la fin du pronom *moré Biromon*, ne signifient rien & ne sont employées que pour parler avec plus d'emphase, comme on le verra à l'art. des particules & des adverbes.

Nota 2°. Quoique Biet (397) dise que la particule *sé*, dans les phrases ci-dessus, exprime la premiere & la seconde personne du verbe *être*. *Nec moré sé ?* qui toi es ? *Biromon sé*, je suis Biromon. Il paroît que c'est sans fondement, puisqu'il se rétracte lui-même en disant que le verbe *être* ne s'exprime point en Galibi ; d'ailleurs on ne trouve dans les exemples aucuns mots équivalens à ce verbe.

DU NOM.

Il y a dans la langue des Galibis comme dans la langue Françoise, deux sortes de noms, le substantif & l'adjectif.

Le nom substantif est celui qui sert à nommer une chose & qui ne convient qu'à une seule, comme *coué*, un hameçon. *Meïou*, du pain.

Le nom adjectif est celui qui donne une qualité au substantif & qui convient à plusieurs choses, comme *iroupa*, beau *ou* bon. *Tamoué*, blanc. Bons hameçons, *iroupa coué.* Pain blanc, *tamoué meïou.*

J'ai de bons hameçons.
Aou maró iroupa coué.
moi avec bons hameçons.

Je veux du pain blanc.
Aou icé tamoué meïou.
moi vouloir blanc pain.

Nota. Pour signifier les qualités contraires exprimées par les adjectifs, ils ajoûtent la négation *oua.*

Les François sont méchans.
Francici iroupa oua.
François bons non.

EN FRANÇOIS, les noms substantifs & adjectifs changent de terminaison, selon le genre & le nombre où ils sont.

Exemples.

Le cheval ; au plurier *les chevaux.* L'œil, *les yeux*, &c. Beau jardin, belle maison, &c. L'adjectif *beau*, joint au substantif *maison*, qui est du féminin, change de terminaison.

EN GALIBI, les noms ont toujours la même terminaison, & sont indéclinables puisqu'il n'y a point d'articles qui en fasse connoître les cas, le genre, & le nombre.

Exemple.

Que l'on dise en François *le couteau* ou *un couteau*, on sçait par le moyen de l'article *le*, ou du mot *un*, que ce nom est au nominatif du nombre singulier & du genre masculin.

EN GALIBI, le mot *malía* qui signifie *couteau*, ne change point de terminaison en quelque régime qu'il se rencontre, & n'est précédé d'aucun article qui en indique le cas, le genre & le nombre. Il en est de même pour tous les autres noms.

Nota 1°. Pelleprat (14). Lorsque les Galibis veulent exprimer le plurier, ils se servent du mot *Papo*, qui signifie *tous*, ou du mot *tapouimé*, qui signifie *beaucoup*. S'ils veulent indiquer un plus grand nombre, ils se font entendre par un geste, une action, ou en montrant leurs cheveux dont ils prennent une poignée plus petite ou plus considérable, selon que le nombre qu'ils veulent exprimer est plus ou moins grand : quelquefois même pour marquer un très-grand nombre, ils montrent toute leur chevelure, & s'ils y ajoûtent celle de ceux qui les écoutent, c'est pour signifier un nombre infini.

Nota 2°. Pelleprat (12). A l'égard des animaux, pour distinguer le mâle d'avec la femelle, ils ajoutent quand il est nécessaire le mot *oukéli*, mâle, & *ouóri*, femelle.

Exemple.

Vacca oukéli, un taureau. *Vacca ouóri*, une vache. Pour distinguer les petits d'avec les peres & meres, ils ajoûtent *magon*, & disent, *corotoco magon*, un poulet, c'est-à-dire, le petit d'une poule. *Masso magon*, un ânon. *Cabaïo magon*, un poulin.

DU PRONOM.

Le pronom est un mot qui se met à la place du nom.

Exemple.

Pierre est un bel homme, mais Pierre se tient mal; pour parler plus régulierement, on dit, *mais il se tient mal.* Le mot *il* s'appelle pronom, parce qu'il est employé pour le nom *Pierre*, que l'on supprime.

EN GALIBI, les pronoms personnels, possessifs & démonstratifs se confondent, ils n'ont que *aou*, *amoré*, *mocé*, pour les exprimer.

Exemples.

Pesonnels . . .	Je, moi, me, nous.	} *Aou.*
Possessifs . . .	Mon, ma, mes, nos.	

Nous, s'exprime quelquefois par *ana*.

Personnels . . .	Tu, toi, te, vous.	} *Amoré*
Possessifs	Ton, ta, tes, vos.	
Person. .	Il, elle, lui, le, la les.	} *Mocé.*
Posessifs .	Son, sa, sien, ses, leurs.	
Démonstr.	Celui-là, celle-là, ceux-là, eux-mêmes.	

Ce, cette, cet, ces.	} *Moc.*
Celui, celle, ceux, celles.	

Ceci, cela. { *Moc, mocé, ieri.*
Moncé, monci.

Nota 1°. Il y a quelques changemens dans les mots qui expriment les pronoms de la seconde & de la troisiéme personne; mais il ne paroît pas qu'il y en ait dans leur signification, les voici.

Amoré, moré, amoro, amolo . . . Toi, &c.
Mocé, moc, moco, moncé . . . Il, &c.

Nota 2°. La construction de la langue Galibi n'admet point les pronoms relatifs, *qui*, *que*, *lequel*, *laquelle*, ils ne s'expriment que lorsqu'ils sont interrogatifs.

Exemples.

Les François qui vendent de la poudre à canon aux Indiens sont fous. Biet (425).

Francici sebegati couroubara calina touali.
François vendre poudre à canon Indiens, fous.

Je dis que les François sont bons.
Aou segaliti Francici iroupa.
Moi, dire François bons.

Nota 3°. Pelleprat (6). Les pronoms possessifs sont quelquefois désignés par ces trois lettres.

E, Pour la premiere pers. . E *mourou*, mon fils,

A, Pour la seconde . . . . A *mourou*, ton fils.

O, Pour la troisiéme . . . O *mourou*, son fils.

Le plus souvent ces pronoms ne sont pas exprimés par ces voyelles ni autrement.

Les pronoms indéfinis sont ceux qui ne désignent personne en particulier.

Qui? que? quoi? interrogatifs	*nec? noké? anoké.*
Quel	*anac.*
Qu'est-ce	*été* . . (combien)
De quoi	*anacqué.*
Autre	*amou.*
Quelqu'un	*amóuço, amouna.*

Amóuço, signifie aussi, *ailleurs.*

Aucun	*amouçon.*

DU VERBE.

Le verbe eſt un mot qui exprime une action ou une paſſion. *Marcher*, eſt un verbe qui marque l'action de ſe mouvoir d'un lieu à un autre. *Aimer*, eſt un verbe qui marque la paſſion que l'on a pour quelque choſe, &c.

Il faut conſidérer dans les verbes, 1° trois perſonnes, tant au ſingulier qu'au plurier.

AU SINGULIER.

Je, pour la premiere perſonne . .	*Je fais.*
Tu, pour la ſeconde	*Tu fais.*
Il, pour la troiſieme	*Il fait.*

AU PLURIER.

Première perſonne.	*Seconde perſonne.*	*Troiſieme perſonne.*
Nous faiſons,	vous faites,	ils font.

2° Les tems, qui ſe diviſent en trois parties.

Le préſent	*Je fais.*
Le paſſé	*J'ai fait.*
Le futur ou l'avenir	*Je ferai.*

3° Les modes, ou, ce qui eſt la même choſe, les manieres finies ou indéfinies de ſignifier une action. Ils ſont au nombre de quatre, ſçavoir :

L'indicatif.
L'impératif.
Le ſubjonctif.
L'infinitif.

On ne s'étendra pas ſur la définition de ces modes; elle ſeroit ennuyeuſe pour ceux qui ignorent la Grammaire, & elle eſt inutile à ceux qui la connoiſſent.

Les verbes Galibis ont ordinairement la même terminaiſon pour les trois perſonnes, au ſingulier comme au plurier, que l'on ne diſtingue, que par le mot *papo*, tous.

La plûpart de ces verbes paroissent irréguliers, il n'y a même souvent aucun rapport entre les tems, qui ne dérivent point les uns des autres ; on aura soin de les faire observer dans le Dictionnaire, selon l'ordre où ils se présenteront.

Dans les verbes en général, l'action de telle ou telle personne se connoît par les pronoms.

Exemple.

INFINITIF.

Aimer . . . . . *Ciponimé.*

PRÉSENT SINGULIER.

J'aime . . . . . Aou ciponimé.
Moi aimer.

Tu aimes . . . . Amoré ciponimé.
Toi aimer.

Il aime . . . . . Mocé ciponimé.
Lui aimer.

PLURIER.

Nous aimons, &c. . . Aou papo ciponimé.
Nous tous aimer.

Le tems passé & le futur s'expriment aussi par le même mode de l'infinitif, en ajoutant à chacun de ces tems des adverbes, qui indiquent la différence de l'action faite ou à faire.

Exemples.

Pour dire *j'ai aimé*, il faut tourner ainsi la phrase :

Moi autrefois aimer.
Aou penaré ciponimé.

Pour dire, *j'aimerai* :

Moi aimer tantôt.
Aou ciponimé aboroné.

(ou bien)

Moi demain aimer.
Aou coropo ciponimé.

Quoique cette régle ſemble être générale, il y a pourtant quelques terminaiſons différentes qui indiquent les trois tems ci-deſſus. Il eſt aſſez difficile de décider ſi cette différence de terminaiſon s'étend ſur tous les verbes, ou s'il n'y en a que quelques-uns qui l'admettent. Quoi qu'il en ſoit, indépendamment des exemples que l'on cité ici, on aura ſoin de faire obſerver, dans le Dictionnaire, tous les verbes que l'on connoît où cette différence de terminaiſon aura lieu.

Exemples.

DU PRÉSENT ET DU PASSÉ.

P. (5) *Sícaſſa*, je fais. *Sicábui*, j'ai fait.
Mícaſſa, tu fais. *Micábui*, tu as fait.
Nícaſſa, il fait. *Nicábui*, il a fait.

Autre.

Secáliſſa, j'apprends. *Secáliti*, j'ai appris.
Mecáliſſa, tu apprends. *Mecáliti*, tu as appris.
Necáliſſa, il apprend. *Necáliti*, il a appris.

Obſervez en outre dans les exemples ci-deſſus, que les perſonnes des verbes ſe déſignent quelquefois par les conſonnes, S, M, N.

Exemples.

S, Pour la premiere perſ. *Siméro*, j'écris.

M, Pour la seconde . . . M*iméro*, tu écris.

N, Pour la troisieme . . N *iméro*, il écrit.

S*obui*, je suis venu. S*ónoui*, j'ai mangé.

M*obui*, tu es venu. M *ónoui*, tu as mangé.

N*obui*, il est venu. N *onoui*, il a mangé.

Le tems futur s'exprime aussi quelquefois par une terminaison qui supplée aux adverbes *tantôt*, *demain*, *autrefois*, en changeant la derniere syllabe en *tagué*, *tigué*, *tan*, ou *tum*.

Exemples

Sicabui,	j'ai fait..	*Sica*tagué,	je ferai.
Aou ataiman,	je rame.	*Sataima*tagué,	je ramerai.
Aou sené,	je vois..	*Sené*tagué,	je verrai.
Necabouti,	mordre..	*Necabou*tigué,	je mordrai.
Aou saré,	je porte..	*Sare*tan *ou Sare*tum,	je porterai.

L'impératif paroît très-irrégulier dans la Langue des Galibis. La plûpart des verbes y perdent même jusqu'à l'expression qu'ils ont à l'infinitif. Par exemple, *Saré*, porter, à l'impératif, *aletangue*. Porte ce bois, *vué vué aletangue. Neramai*, retourner, revenir, à l'impératif, *itangue*, reviens. Biet (427). *Natanbouti*, rompre, à l'impératif, *Empoque*, romps.

Il y a cependant des verbes qui conservent à l'impératif l'expression de l'infinitif. *Sené*, voir, à l'impératif, *amoré sené*, toi voir. *Aminé*, manger; à l'impératif, *amoré amina*, mange, &c. C'est vraisemblablement la régle que l'on pourra suivre pour tous ceux qui n'auront pas d'exceptions particulieres. Si toute fois on doit strictement avoir égard à ces exceptions, le Galibi dans la plûpart des exemples de nos auteurs ne se rapporte très-souvent au texte françois, que métaphoriquement;

ainsi il peut bien se faire qu'un verbe dont l'expression est totalement changée dans quelques tems ou modes, ne soit plus le même, mais un autre qui a un rapport indirect avec le même sens. Dans l'exemple de Biet ci-dessus, *saré*, porter. Porte ce bois, *vué vué aletangue. Aletangue* ne paroît pas être l'impératif de *saré*, mais un autre verbe. *Vué vué aletangue* semble signifier littéralement, *va-t'en avec ce bois*, plutôt que, *porte ce bois*.

EN GALIBI, on ne trouve point de mots qui expriment le verbe substantif *être*, non plus que le verbe auxiliaire *avoir*, ils paroissent toujours supprimés dans la construction de leurs phrases.

Exemples du Verbe être.

Je suis malade . .	Moi malade . .	*Aou étombé.*
Tu es las . . .	Toi las	*Amoré acolopé.*
Il est maigre . .	Lui maigre . .	*Mocé ipuma.*

Exemples du Verbe avoir.

J'ai du pain . .	Moi avec pain . .	*Aou marô meïou.*
	Mon pain	*Aou meïou.*
Je n'ai point d'eau	Eau non . . .	*Touna oua.*
	Eau rien . .	*Touna nimandi.*

Parce que j'ai soif & que tu n'a pas du huicou. Boyer (433).
Outenomé aou nikoumeli, amoré raba ouacou nimandi gaa.
Parce que moi soif, toi & ouacou rien.

Il n'y a point de participes dérivés des verbes, conséquemment point de verbes passifs : une construction y supplée en retournant la phrase ; par exemple, *Je suis aimé*, il faut tourner la phrase & dire :

Celui-là aimer moi.
Mocé ciponimé aou.

DES CONJONCTIONS.

Les conjonctions, de même que les prépositions, les adverbes & les particules, sont des mots qui ne se déclinent pas. On ne voit dans *Pelleprat* qu'un exemple de conjonction, *Roba*, aussi, & un de disjonction, *Nei*, ou.

Ouglian, oulian roba. *Pelleprat* (6).
Les hommes, les femmes aussi.

Nei kemerici, nei malía. *Idem.*
Ou un razoir, ou un couteau.

On trouve encore *ké* & *maró*, avec *aconomé*, de compagnie *couat*, adjonction.

Selon Biet, la conjonction *&* ne s'exprime pas, Boyer paroît cependant l'exprimer par *Raba*, (405). Et toi, *amoré raba.*

Les marchandises des Flamans ne valent rien & celles des François sont belles.
Fiaminga enékali iroupa oua, icé Francie raba enékali iroupa tapouimé. *B.* (409).
Flamans marchandises bonnes non, vouloir France & marchandises bonnes beaucoup.

DE LA PRÉPOSITION.

La préposition est un mot indéclinable, qui, en François précede un nom, & qui en Galibi se met presque toujours à la fin du nom.

Pel. (7). *Ta, taca*. Au, dans, dedans.
Boco . . Pour, contre, au, aux.
Bona . . En, aux, vers, contre, de.
Maro, ké. Avec.
Toupo . . Dessus, au-dessus.
Oubino . Dessous, au-dessous.
Ouino . . Contre, vers du côté, de tous côtés.

Amani . Après.
Mani . . Avant.

Sur, ſe ſupprime.

Les femmes portent du bois ſur le dos.
Ouali ſaré vuévué caſtubo
Femmes porter bois dos.

Exemples.

DES PRÉPOSITIONS.

Au Soleil	*Hueïou* ta.
A la pluye	*Connobo* ta.
A la maiſon	*Auto* ta, *auto* taca.
Pour les Galibis	*Galibis* boco.
En France	*France* bona.
Vers les Iſles, aux Iſles . .	*Oubáou* bona.
Contre une pierre	*Toubou* bona.
Il a peur de ta robe, près de ta robe.	*Yetacari cámicha* Bona.

DÉGRÉS DE COMPARAISON.

Biet ne connoît point de comparatif. Il cite pourtant une phraſe où il l'emploie en François, mais le Galibi ne l'exprime pas ; voici la phraſe de Biet.

Le pain des François eſt meilleur que la caſſave.
Poloto tipochiné meïou.
Le pain de froment très-bon pain.

J'aime autant le pain de caſſave que celui de froment.
Aou ciponimé meïou enouara poloto.
Moi aimer pain de caſſave comme pain de froment.

DE L'ADVERBE.

L'adverbe consiste en un ou plusieurs mots qui ne se déclinent ni ne se conjuguent, il sert à fixer, à augmenter, à diminuer ou à rendre incertaine l'action que le verbe exprime.

Les Galibis ont des adverbes de tems, de lieu, de quantité, de qualité, d'affirmatifs, de négatifs d'interrogatifs, de démonstratifs & de congrégatifs. On va rapporter un exemple de tous.

Exemples.

DES ADVERBES DE TEMS.

A cette heure, tout présentement . . *Erémé, erimé.*
Aujourd'hui maintenant . . . . . *Eromé.*
Aujourd'hui . . . . *Iraque, éraqué.*
Demain . . . . . *Aéoropo, coropo, acolopo.*
Hier . . . . . . *Coïara, coïaré, coignaro.*
Avant-hier . . . *Mani, coyara, &c.*
Après-demain . . *Amani coropo, mani coropo.*
Autrefois . . . . *Capourouné, caporoné.*
Il y a long-tems . *Penaré, binaro, binatomé.*
Tantôt . . . . . *Alié, atagué.*
Dans peu de tems . *Alliré, alliretó, aïreté.*

Une autre fois. . . { *Amoúmeté.* / *Amouoïáco.* / *Amouoïáconé.* / *Amouoïácoté.* / *Amouoïáti.* }

Quelquefois . *Amouriáco.*
Souvent . . *Touké*, (il signifie aussi *beaucoup*).
Vîtement . . *Telaoné.*

Promptement . *Alieté, alité, cochi, coci.*
Encore . . . *Amouroba.*

ADVERBES DE LIEUX.

Ici . . . . *Erebo, enebo, etbo, arotólobo*
Là, ici, en ce lieu . *Erbo.* *(akimáto.*
Par-là . . . . . *Enaebo, morabado, ouebo.*
Là . . . . . . *Moé, moïá.*
Où . . . . . *Oya.*
Par où, où est-ce ? *Oïa, né ?*
Par où ? . . . *Necbado ?*
Loin . . . *Tissé, tiché.*
Fort loin . . *Tissé, tissé tapouimé.*
Ailleurs . . *Amouco.*
Çà & là. . . *Enebo moneto.*
En ce lieu-là . . *Ique*
En quelque lieu . *Boussai.*
Par-toùt . . . *Moutou paporé, moutou papo.*
De tous les côtés . *Ouino.*

ADVERBES DE QUANTITÉ.

Beaucoup . . *Tapouimé.*
Abondamment . *Accoumourou, touké.*
Peu, un peu . *Enchiqué.*
Modérément . *Ensico.*
Combien . . . *Été, Enouara, ottoro, neouara.*

Combien veux-tu vendre ? *été betemé ?* comme si l'on disoit : *Combien veux-tu en échange ?*

Combien êtes-vous d'Indiens ? *Indiana enouara ?*

Tout . . *Papo.*
Autant . *Enouara.*
Assez . . *Anoïmbo*, (Il signifie aussi *saoul.*)
Rièn . . *Nimandi.*

ADVERBES DE QUALITÉ.

Fortement, vigoureusement . . *Balipé.*

ADVERBES AFFIRMATIFS.

Oui . . . . . . *Teré; terré, ya, yasai.*
Certainement . . *Istarenay.*

NÉGATIFS.

Non . . . *Oua, ouati ouané, ouatinan.*
Ne . . . *Ouat.*
Non pas . . *Ouacé.*
Point du tout . *Ouatinan, pá.* parcicule

INTERROGATIFS.

Pourquoi? . . . . . *Otonomé, outonomé?*
Pourquoi toi? . . . . *Oltonsmé amoré?*
Parce que . . . . . . *Outenomé.*
Quoi, que, comment . *Oté.*
Quand sera-ce? . . . *Etagué, etiagué?*
De quoi? . . . . . *Itémegamé, anacqüé?*
De quoi parlent les Indiens? *Étémegamé calina?*

DÉMONSTRATIFS.

Voilà . . . . *Ené.*
En voilà . . . *Nedo.*

CONGRÉGATIFS.

De compagnie, ensemble . . *Oconomé.*
Avec . . . . . *Maró, ké.*
Aussi . . . . . *Raba, roba.*

DES

DES PARTICULES.

Les particules sont comme des petits ressorts pour animer les parties d'une phrase ; les unes agissent sur le nom ; les autres sur le verbe.

Dans le nombre des particules de la langue Galibi, les unes ne servent que pour l'emphase & l'élégance, les autres ont quelque signification.

Bo. Bon. Bonne. Iri. Ces particules ne signifient rien à la fin d'un mot.

Exemples.

Je vais à Céperou, *Aou Ceperou*bo, *Ceperou*bon, *Ceperou*bonne, *nisan.*

Iri, pour les femmes, *Ceper*iri, à Ceperou.

Parle à celui-là, *Eroubaco mocé*, pour l'élégance, ils ajoûtent *Reron*, *Eroubaco mocé*reron.

Icé, *iché*, vouloir. *Iché*ira.

Alliré, dans peu de tems. *Alliré*té.

Les particules suivantes ont une signification.

Ké, à la fin d'un mot, signifie . . . Avec.

*Boutou*ké . . . . . . Avec une massue.

La particule *Bé* marque l'abondance & la plénitude ; seule elle signifie rien.

*Auto huéué*bé, Maison pleine de bois.

J'ai la fiévre.
Aoù máro accoleou.
moi avec la fiévre.

Si elle est violente, ils disent :

Aou accoleou *bé.*
moi fiévre plein.

Bota signifie la fin de quelque chose, *Afin que, Pour.*

Afin qu'on en fasse un autre.
Amou coto bota.
autre faire pour.

Nota. Biet a tort de dire qu'il n'y a point de mot pour les exprimer.

Poto donne à entendre un tems futur.

Monoui poto, après que tu auras mangé.

Nota. La consonne M, pour la seconde personne.

Logon ou *lotin* signifient . . . seulement.

Oouin logon . . . . . . un seulement.

Occo lotin . . . . . . deux seulement.

An, *man* . . sont ordinairement un signe d'interrogation.

Man exprime aussi le superlatif *très* ou *fort*.

Pa, à la fin du verbe, signifie fort souvent une négation.

Pa ou *pas*, à la fin d'un substantif, signifient quelque chose d'onctueux.

Ké à la fin d'un substantif, signifie quelquefois *à cause*.

Connoboké . . . . à cause de la pluye.

La particule *Si*, ne s'exprime pas; ils tournent ainsi la phrase :

Si tu n'es pas paresseux je ne serai pas vilain.
Amoré enquinopé oua, aou imombé oua. Boyer (427)
Toi paresseux non, moi vilain non.

DES NOMBRES.

Biet prétend que les Galibis n'ont point de nombre au-dessus de *quatre;* que pour exprimer *cinq*, ils montrent une main; *dix*, les deux mains; *vingt*, les pieds & les mains. Que cependant ils disent *oupoumé* pour exprimer le nombre *vingt*; *öpopoumé*, pour celui de *quarante*, lequel mot signifie deux fois les pieds & les mains. Pour indiquer un plus grand nombre, ils se servent d'une corde, à laquelle ils font autant de nœuds qu'ils veulent signifier de nombres.

Le Pere Pelleprat exprime le nombre *cinq*, par le mot Galibi *atonéigné*, & ne va pas plus loin. En parlant des lettres qu'ils envoyent à leurs amis pour les prier de se trouver à certain jour au lieu où ils doivent s'assembler, il dit qu'ils se servent de petits bâtons, dont le nombre leur fait entendre dans combien de jours il faut qu'ils se rendent à l'endroit désigné.

Un .. { *Auniq*, Boyer (131).
Aüiniq, Biet (43).
Oóuin, Pelleprat (14). }

Un seul .. *Oouin Coman*. Pelleprat, (14).

Un seulement.. { *Oouin logon*. Pelleprat (10).
Oouin lotin. Ibid. *Tewyn*. Laet (642). }

Deux .. { *Ouecou*, Boyer (404).
Ocquo, Biet (413).
Occo, Pelleprat (14). *Tage*, Laet (142. }

Trois .. { *Ououa*, Boyer (29), Biet (431).
Oroa, Pelleprat (14). *Terewaw*, Laet, *ib.* }

Quatre .. { *Acourabamé*, Boyer (423).
Ouirabama, Biet (426).
Accobâi memé, Pel. (14). *Tagyne*, Laet. }

Cinq .. { *Atonéigné*, Pelleprat (14).
Oëétonai, Boyer (400). *Mepatoen*, Laet. }

Six .. *Tewyne yeclyckene*, Laet (642).
Sept .. *Tage yeclyckene*, id.
Huit .. *Terrewan yeclykene*, id.
Neuf .. *Tagine yeclykene*, id.

Dix . . *Yemoralé mepatoen*, id. *Oyabatoné*, Bo. (405)

Onze Douze Treize Quatorze	*Obopone*, terme que les Yayes mettent devant leurs quatre premiers nombres, *Laet* (642.)

Quinze . .	*Poupoutoné*, Boyer (423). *Habopboppene*, Laet (642).

Vingt . .	*Poupoubatoret*, Boyer (413). *Opoumé*, Biet (397). *Pemoone*, Laet (642).

Quarante . . . *Oupoupoumé*, Biet (397).

J'ai cru pouvoir ajoûter quelques mots étrangers à ceux de nos auteurs ; ce sont ceux que *Laet* a conservés dans son Histoire du nouveau monde : ils sont particuliers à diverses nations de Sauvages éparses dans la Guyane ; comme il se pourroit que le hazard mît en relation avec elles, c'est toujours un avantage que de sçavoir quelques mots de leur langue ; d'ailleurs ces mots sont en si petite quantité, que je ne me suis pas fait un scrupule de les insérer dans le Dictionnaire Galibi, qui malheureusement n'est pas lui-même fort copieux.

REMARQUES.

Pelleprat (13). Les Galibis, soit par disette de mots, soit par élégance, employent quelquefois des métaphores en place des mots propres, & disent par exemple, *Ouraba nirounboui*, mon arc est mort, au lieu de *Ouraba anetamaïaro*, mon arc est rompu. *Nirounboulé noúno*, la mort de la lune, pour l'éclipse de la lune.

(*Pelleprat.*) Ils confondent souvent quatre lettres de l'alphabet, sçavoir, L avec R, B avec P.

Exemples.

Amolo & *amoro*, toi, *Simoulaba* & *ſimouraba*, une planche; *Aboitopo* & *aboitobo*, la poignée de quelque choſe ou le lien avec lequel on l'attache; *Seboricao* & *ſeporicao*, j'en aye trouvé. *Aboíco* & *apoíco*, tiens.

Pelleprat (Id.) Les éliſions de ſyllabes & la compoſition des mots ſont communs chez les Galibis.

Exemples.

Ibippo ſignifie la peau ou une écorce, & *amou*, un autre; de ces deux mots ils n'en font qu'un, & ils diſent: *Amoubippo*, une autre peau, une autre écorce. *Apolliré* ſignifie une plume, *youmaliri* un bonnet. De ces deux mots ils n'en font qu'un, pour dire, *Apomaliri*, chapeau orné de plumes dont ils ſe ſervent pour les danſes.

Les Galibis, pour nommer les choſes qu'on leur a apporté d'Europe, employent les mêmes mots que ceux des Européens qui les leur ont procurées, ou ils y font très-peu de changement. Ils appellent *vacca* les taureaux, les géniſſes; *cabaïo* ou *cavalle* les chevaux; *camicha* les chemiſes & tous les habits dont nous nous ſervons. *Carta*, du papier, un livre. Ils ont auſſi des mots tirés du ſon ou du bruit que font les choſes. *Tintin*, un marteau. *Corocotoco*, un coq, une poule. *Ikirilicatopo*, une poulie.

Ils ſe ſervent ſouvent d'un ton de voix au lieu de paroles, pour exprimer leurs ſentimens. Comme pour ne pas répondre *teré* qui ſignifie *oui*, ils font un petit ſoupir redoublé. Quelquefois par un ſeul mot ils ſuppléent à pluſieurs paroles qu'il faudroit dire. Par exemple, le mot *tibouchiné* ſignifie une choſe agréable au goût. S'ils prononcent ce mot d'un ton interrogatif, *tibouchiné?* c'eſt comme s'ils demandoient ſi l'on mange avec appétit, ſi l'on trouve les mets bons.

Quelques exemples de Biet, sur la maniere dont les Galibis traitent avec les étrangers. (Pag. 393).

Qu'es-tu venu faire ici?
Etébogué erebo noboui?
Que faire ici venu?

Je suis venu te voir.
Aou amoré cené noboui.
Moi toi voir venu.

Pourquoi? Otonomé?

Les Galibis sont amis des François, les Galibis sont bons.
Galibi banaré Francici, Galibi iroupa.
Galibis amis François, Galibis bons.

Veux-tu boire de l'eau de vie?
Amoré brandevin sineri icé?
Toi eau-de-vie boire vouloir?

Oui, je le veux-bien. Terré, aou icé.
Oui moi vouloir.

Je veux acheter des lits de coton.
Aou cibegati acado amoré.
Moi acheter lits de coton tes.

Je viendrai demain avec mon pere, je t'en apporterai beaucoup.
Aou cotopo noboui aconomé baba, aou meneboui amoré tapuouimé.
Moi demain venu, avec pere, moi apporté toi beaucoup.

Autres exemples épars dans le Dictionnaire de Boyer.

Les sauvages m'ont dit que tu étois malade.
Li Indian sigariti aou, amoré yetombé, 427.
Les Indiens ont dit moi, toi malade.

Nota. Cet exemple est le seul où l'article *Le*, se trouve exprimé.

Je me porte bien.
Aou yetombé ouca.
Moi malade non.

Pourquoi t'en vas-tu ? *Outenomè amoré nissen ?* 423.

Si tu veux demeurer ici, on te fera tout présentement du huicou.
Boucané amoré alieté ouacou bogué.
Demeures toi tout-à-l'heure huicou faire.

Quand reviendras-tu ?
Etiagué amoré erebo noboui ? 424.
Quand toi ici venu ?

Je reviendrai tantôt.
Cochi noboui raba, 425.
Vite venu aussi.

Je veux manger. Aou aminé icé.

J'en ai assez. Imbo aou.
Saoul moi.

Je ne veux pas manger. Ouat aminé icé aou.

Nota. La consonne T, est sans doute ajoûtée à la négation *oua*, pour éviter l'*hiatus*.

Les François sont bons, ils veulent être amis des Sauvages.
Francici iroupa, Calina banaré icé.
François bons, Sauvages amis vouloir.

Est-il vrai, mon compere ? Terré né banaré ?

Dis à ta femme qu'elle fasse promptement mon lit.
Caiqué mé amoré apoui imé coché acado sicouramay.
Dis ta femme promptement lit faire.

Combien veux-tu vendre cela ?
Été betemé monci?
Combien en échange cela ?

Je veux avoir des haches, des serpes & du crystal.
Aou icé, maceta, ouyouy, piritou raba.
Moi vouloir haches, serpes, crystal aussi.

Voilà en général les remarques que j'ai pu faire sur la langue des Galibis, on trouvera encore des observations particulieres dans le Dictionnaire, à mesure que l'occasion s'en présentera : les verbes, quoiqu'en petit nombre, en fournissent plusieurs.

FIN.

DICTION-

DICTIONNAIRE
GALIBI.

ABRÉVIATIONS

Auteurs dont on a tiré les mots inserés dans ce Dictionnaire.

Bo. Boyer. *Les chifres qui suivent indiquent la page.*

P. Pelleprat.

Bi. Biet.

Barr. Eff. Barrere. *Essai sur l'Histoire Naturelle.*

Barr. Rel. Barrere. *Relation.*

Lab. Le P. Labat. *Voyage à Cayenne: Extrait en partie des Mémoires du Chevalier de* MILHAU.

Mf. *Relations manuscrites.*

NOMS GALIBIS.

A.

A, à cauſe de, pour, contre. Boco, P. 7.

Je ſuis bon *à* mon fils. Aou iroupa Mourou Boco. *a.*
moi bon fils

Je ſuis venu *pour* les Galibis. Oboui Galibi Boco.

Jeſus eſt fâché *contre* les méchans. Teleké Jeſus yàouamé Boco.

A préſent, préſentement, à cette heure. Eremé.

AU, dans ou dedans. Ta, taca, P. 6 & 7.

Au ſoleil. Hueïou *ta.*

A la pluye. Connobo *ta.*

A la caze ou *dans* la caze. Auto *ta* ou auto *taca.*

AUX, vers, en, contre, de. Bona, id.

Je vais *aux* Iſles, *vers* les Iſles.
Aou niſan Ouboou Bona. *moi aller Iſles vers.*

Veux-tu aller *en* France?
more ichéman France bona niſan?
Toi vouloir France vers aller.

Nª *Man*, cette particule après le verbe *iché*, vouloir, marque l'interrogation:

Contre une pierre; toubou bona.

Il a peur de ta robe, c'eſt-à-dire, près de ta robe, contre ta robe. Yetécari camicha bona.

ABSENT. Ouanan, Bi. 399. Niſſen (*parti*) Bo. 393.

Remarquez qu'ils ſous-entendent ſouvent la premiere perſonne dans leurs diſcours, comme en cet exemple.

Mon pere n'y eſt pas, il eſt abſent. Ils devroient s'exprimer ainſi.

Aou baba ouanan.
mon pere abſent.

Mais ils ſe contentent de dire, baba ouanan.
pere abſent.

ADROIT.

Je ne ſuis pas adroit. Anabopa ipoco. P. 30.

AFIN QUE, pour. Bota, P. 9.

Pour faire autre choſe. Amou coto Bota.
autre faire pour.

AGE.

Nous ſommes égaux en âge. Anaïabouan, P. 30.

AGITÉ, en furie. Polipé. Bi. 421.

AIGUILLES. Cacouſa, P. 20.

AILLEURS. Amoucó, P. 26.

Mettez mon lit ailleurs. Amoucó ïaro bátí.
ailleurs donne lit.

AIR. Caboupino, P. 16.

AIRAIN, cuivre, ou laiton. Youarapirou, P. 16.

AISSELLES. Eïatari, Bi. 400. Ciatàri, Bo. 393.

AJOUPA, eſpéce de caſe faite ſur le champ. Tapouy, Bo. 393.

AMARI ou matrice. Mouet. Bi. 402. Moùñay, Bo. 394.

AME de l'homme. Acapo, P. 25.

AMI, conféderé, allié. Yamori, Bi. 402.

Les François ſont amis & conféderés des Galibis.
Francici Iamori Galibis.
François Amis Galibis.

Remarquez que le verbe *être* & les articles *les*, *des*, ne ſont point exprimés.

AMI, compere. Banaré, Bi. 403. Bo. 395.

AMITIÉ. Apocubé, Bi. 402. Apocoùbé, Bo. 394.

Je veux avoir ton amitié. Aou icé amoré Apocubé.
moi vouloir ton amitié.

Le verbe *avoir* n'eſt point en uſage parmi eux.

ANCIEN, vieillard. Tamouffi, Bi. 403.

Autre ancien. Amoa. Bo. 394.

ANGES. Iffiméiri Bouitouli, P. 25.

efprits Serviteurs

ANIMAUX terreftres. Ippété Nonembo, P. 18.

Que ce foit mon animal ou mon oifeau. Yéguemé, P. 18.

ANNÉE. Siricco, P. 15.

ANSART, grand couteau fans pointe. Atounban, P. 20.

APOSTUME. Iconourou, P. 23. Ticonomé, Bi. 405.

APRÈS QUE, indication du tems futur. Poto, P. 9.

Après que tu auras mangé. Monoui poto.

APRÈS. Amani.

Après demain. *Amani coropo*, Bo. 394. *Manicoropo*, Bi. 404.

Je viendrai après demain ici.

Manicoropo noboui erebo, Bo. 404.

Après demain venu ici

ARBRE. Vué vué, Bi. 411.

Va cueillir des acajoux aux Arbres. Mouet cipoti vué vué, id.

ARBRISSEAU qui porte le coton. Maourou, P. 22.

ARC. Ourapax, Bi. 404. Ouraba Bi. 394. P. 21.

Mon fils, donne moi mon Arc.

Tigami Ourapax ïaré mé,

fils Arc donner

comme fi l'on difoit : Fils, donne l'Arc.

Le pronom *mon* n'eft pas exprimé : ils pourroient cependant dire aou *mon*, Ourapax *Arc*. A l'égard de mé qui eft après le verbe ïaré, *donner*, c'eft une particule qui n'a aucune fignification, & qui ne fert que pour l'élegance. Voyez l'article des particules.

ARGENT. Ouraourálou *ou* ouráta, P. 16.

ARQUEBUSE, fufil. Aracabrufa, Bo. 394. Arquaboufa. Bi. 404. Racabouchou.

ASSIETTE à mettre la viande. Metoutou, Bo. 394.

AUBE du jour, l'aurore. Emamory, Bo. 395 & Bi. 405.

Levez-vous, il eſt jour. Les Galibis n'ont point de mots pour exprimer *lever*. Mais quand il eſt jour, ils ſe levent, en diſant il eſt jour, je vais ſous le carbet. Emamori, tapoïta niſan, Bi 405. Biet, en diſant que *ta*, après le mot *tapoï*, eſt ajouté ſans néceſſité, n'a ſans doute pas réfléchi ſur la ſignification de cette particule qui peut avoir lieu dans la phraſe qu'il cite. Tapoï *ta*, au carbet.

carbet dans.

AUCUN. Amoucon, P. 26.

AUJOURD'HUI. Erague, Bi. 405. Iraque, Bo. 395.

Je mangerai aujourd'hui du poiſſon & des oiſeaux.

Aou eragne oto, tonoro, aminé.

moi, aujourd'hui, poiſſon, oiſeau, manger.

AUSSI. Raba, Bi. 405, Bo. 395. Roba P. 6.

AUTANT. Enouara, Bo. 395.

AUTRE. Amou, P. 26.

Eſt-ce un autre? Amouté catouberonan? id. 30.

AUTREFOIS, il y a long-tems. Penaré, Bi. 405. Capouroumé, Bo. 395. Capouloumé.

AUTREFOIS. Caporoné, Bi. 405.

J'ai vu autrefois un Indien avec les François, qui étoit grand & gros.

Aou Caporoné ſené Calina aconomé

moi autrefois voir Indien avec

Francici apotomé apoto.

François grand gros.

On voit par cette phraſe qu'ils n'ont point de pronoms relatifs, *qui*, *que*, la conjonction *&* y eſt auſſi ſuprimée.

AVANT.

Avant hier. Manicoïaré, Bi. 404. Bo. 394.

AVARICIEUX. Amonbeſſou, Bo. 431, Amembé, Bo. 394. Amonbit, Bi. 430. Amonbé, id. 408. Aïamonké, P. 251.

AVEC de compagnie. Aconomé, Bo. 395. Bi. 405.
Ils se servent aussi de *máró* & de la particule *ké* à la fin des mots pour exprimer *avec. Bibi máró*, avec sa mere. *Nioui ëitoto Bleóuaké*, il a blessé les ennemis avec ses fléches.

AVIRON. Aboucouita. P. 21.

B.

BABIOLES de cuivre, Bagatelles. Caracoulis, Bo. 396.

BALLE de Mousquet. Aracaboussatano *ou* Barou. P. 21.

BANANE, Fruit. Palatana, Bi. 407. Paratanon, Bo. 396. Parantana, id.

BANC ou Siége. Monté, Bo. id. Bi. 406.

BARBE. Atasibo, P. 8. Tacibo. Bo. Bi. id.

BATEAU, petit Bateau. Canoua, P. 21. Bo. id.

BATON. Yabosé, P. 22.

BEAU, Belle, Bon. Couramé, Bi. 407. Couramené, Bi. 407. Iroupaconeman, P. 25.

BEAUCOUP. Tapouimé, P. 8. Bo. 397. Accoumouro, P. id.

BIEN. Cela est bien. Emerlai.
Très-bien. Quarlayman, Bo. 419. Aouerleman, Bi. 430.

BIENTOT. Colomonolo, P. 8.

BLANC. Tamoué, Bi. 420. Tamouné, Bo. 396. Aboiriké, P. 23.

BLÉ d'Inde. Auoassy, Bo. 396.

BLOC de bois, Môle en façon d'escabeau. Moutets, Mouley. Barr. Rel. 188.

BLOND ou Roux. Taviré, P. 23.

BIROMON. Nom d'un Chef des Galibis. Biromon.

BOIS. Vaivai, Bo. 396. Vuévué, Bi. 406. Huéhué, P. 29.

BOISSON, Breuvage. Vicou, Barr. Rel. 178. Ouicou, P. 24. Ouocou, id. Ouacou, Bo. 420.

BON, Iroupa, Bi. 406. Bo. 396.
Très-bon, Iroupaman, Bi. 430.
BONJOUR. Youpaquayé, Bo. id. Yarigado Barr. Rel. 125.
BON à manger. Tipéchiné, Bo. 397. Tibouchiné, P. 13.
BONNET, Calotte. Youmaliri, P. 23.
BOUCAN. Cambo, Bi. 407.

Le Cochon brûle ſur le Boucan.
Poinga toupo Cambo chiquerique.
Cochon ſur Boucan brûler.

BOUCHE, la Bouche. Embatari, Bi. 407. Empatoli, Bo. 395.
BOUCHON. Enoboun, P. 23.
BOUE, Fange, Vaze. Acourou, Bi. 407. Bo. 396.
BOURBEUX, Eau bourbeuſe. Acouroubé man, P. 16.

Ce petit François marche fort bien dans la Boue.
Tigami Francici Acourou ta man niſan.
Petit Enfant François Boue dans fort marcher.

BOUILLIE de Magnoc. Caſſiri, P. 26. de Bananes. Embagnan, Mſ.
BOUTEILLE. Maïata, Bi. 407. Mouroutouaïou, Mayeta, Bol. 396.

Je veux boire à la Bouteille. Aou icé ſineri Mouroutouaïou.

BOUTOU, Maſſue de bois dont ils ſe ſervent à la guerre. Boutou, P. 21.
BRAS, le Bras. Yaboule, P. 17. Apori, Bo. 396. Bi. 407.
BRUN *ou* Noir. Tibourou, Bo. 397. Bi. 407.

C.

ÇA, là. Enebo, moneto, Bo. 397.
C'eſt-là. Enebo.
CAILLOUX. Taupou, id.
CALLEBASSE. Touton, P. 20. Mayeta, Bo. id.
CALME en Mer. Polipé oua, Bo. id.
Vague non.
CAMPAGNE. Oujapo, id.
CANARI, ou Pot de terre. Touma, P. 19.
CANNE de ſucre. Anaſſicourou, id.
CANON. Tirou, Bo. 398. P. 21.
CANOT, petit Bateau. Canaoua, Bo. id. * Colliara, P. 21.

* Ils appellent auſſi de ce nom-la, la conſtellation du Charriot.

CAPITAINE-Général. Potoli-Manayé, Bo. 403. Yapotoli. id. * Apoto Capitan, Bi. 411.
Gros

* Ils ſe ſervent du mot Eſpagnol *Capitan.* C'eſt comme s'ils diſoient Gros Capitaine.

Le Capitaine de tous les Hommes, de tous les Anges. Ibapporo bouitounou aïouboutouli iſſiméiri boüitouli, roba, P. 25.
CAPTIF. Ayamouti. Bo. 398.
CARBET, le Carbet, lieu où ils s'aſſemblent. Taboui, P. 19. Tapoï. Bi.
CASSAVE *ou* Pain. Meïou *ou* Éréba, P. 24.
Caſſave qui n'eſt pas brûlée. Meïou acopa, P. 29.
CAZE. Auto, P. 19. Caza.
CEINTURE *ou* Cerceau. Eſcouty, Bo. 398.
CELA. Moc, Mocé, Moncé, Ini, Yeri, Bi. 411.
C'eſt pour cela. Eve ebepo.
Cela eſt bien. Emerlay.
Celui-là. Mocé-cayé.
C'eſt cela. Anoronïboſé lotin, P. 29.

Cela est-il bon pour ce mal ? Ora bogue étombé, Bi. 411.
CENDRES. Erono, P. 16.
CERTAINEMENT. Istarenay, Bo. 398.
CHAIR. Iponombo, Bo. 399.
CHALEUR. Assimberi, id.
CHALUMEAU. Cericoura, Bo. 399.
CHAMPS. Ouïapo, id.
CHANDELLE. Cololeta, P. 26. Touli, Bo. id.
CHANVRE. Coura oua, id.
CHAPEAU. Sombraire, id. Sombrero, P. 23.
Chapeau de paille pour danser. Apomaliri, P. id.
CHAUD. Assimbéi, Bi. 429.
CHAUDIERE, Canari, Pot, Marmite. Toroua, Bi. 408. Bo. 400.
Mets le pot au feu. Toroua ouato ique.
CHAUX, Pierre à chaux. Amaípo, P. 16.
CHEF, le chef ou la tête. Youpopo, Bo. 399. Boppo, Yais laet. 642.
CHEMIN. Oma, Bo. 399. Bi. 431.
Chemin par terre. Mapo, P. 26.
CHEVEUX. Ioncai *ou* Ioncay, Bo. 400. Ioncé *ou* Ionçay, Bi. 408. Yoncetti, P. 18.
CHEZ moi. Jecossa, Bo. 400. Aou ecossa, Bi. 408.

Je veux que tu demeures chez moi. Aou amoré ao ecossa.

CHICHE, Vilain. Amoubé, Bo. id. Amombé, Bi. id.

Les Indiens disent que les François sont chiches, vilains. Calina Segaliti Francici amombé.

CHIQUES, les Chiques. Chico, P. 19.
CHIRURGIEN, Médecin. Piaye, Bi. 408. Bo. 400.

Va chercher le Médecin. Piaye amitangue.

CHOUX. Taya touque jaupou, Bo. 400.
CIEL, le Ciel. Cabou, P. 15. Cabo, Bo. 400. Capou, Bi. 409.

Ciel où les Yayes croient que vont les ames de ceux qui ont bien vécu. Caupo, Laet. 642.

CINQ. Atonéigné, P. 14. Oïétonai, Bo. 400.

CIZEAUX. Querici, Bo. 400. Guerici, Bi. 409.

Donne-moi des Cizeaux, je veux couper de la toile. Guerici iaré mé aou icé camiſa chiqueté.

CLAIR. Taſſaieray, Bo. 401. Taiſſiery. Bi. 409.

Clarté du jour. Hueïoúrou. P. 15.

CLEF de porte. Boutou Boutourolipena. Bi. 409. Boutou boutoulipena, Bo. 401.

Clef du coffre. Boutouboutoulicaſſa, Bo. 401.

Donne-moi la clef du coffre. Boutouboutourolicaſſa ïaré mé.

CLOUX. Aſſimoucou, P. 20. Boutouboutouli, Bo. 401. Bi. 409.

Attacher une planche avec un clou. Vuévué chimugué aconomé boutouboutouli.

CŒUR. Otali, Bo. 401. Itopoupo, Bi. 409.

COFFRE. Arca, P. 20. * Caſſa, Bi. 409. Bo. 401.

* Mot Eſpagnol.

Mets les bagatelles dans le coffre. Caracouli caſſa ta.
bagatelles coffre dans

COIGNÉE, Hache. Ouioui, Bi. 409.

Cette coignée de fer eſt forte. Ouioui ſibarali polipé.

COL. Reïmi, Bo. 401. Bi. 409.

Cette Indienne a le col conrt. Moc calina reïmi ſeminé.

COLERE, Fâché. Tariquai, Bo. 400. Teriqué, Bi. 408.

Cet Indien eſt en colere. Moc calina teriqué.

La mer eſt en colere. Parana teriqué, *ou* Paranubo polipé.

COLLIER. Corouabet, Bo. 401. Bi. 410.

Tiens, ma fille, un Collier de criſtal. Mido ouali Corouabet piritou.

COLLINE. Caſſali, P. 16.

COMBIEN. Ot' *ou* Oté, P. 27. Eté, id. Ottoro, P. 8.

Combien êtes vous ? Enouara.

Combien veux-tu vendre cela ? Été betemé monci. *pour* Mocé. *en échange.*

COMME, à la ressemblance de. Néouara, Bo. 401. Bi. 410.

Cet Indien est comme, ou ressemble à un François. Moc Calina Francici néouara.

Comme cela, de la sorte. Enouara, Irouara.

COMMENT. Oteté. Bo. 400. Eteté. Bi. 408.

Comment t'appelles-tu ? Eteté amoré ? Oteté amoré ? *comment toi ?*

Comment, quoi ? Oté, P. 27.

COMPAGNIE, de compagnie, ensemble. Acconomé. P. 26.

COMPAGNON. Accono, Acconcnto, id.

COMPERE, ami. Banarè, Bo. 401. Bi. 410.

CONTENT. Aouerlé, Bo. 403.

Es-tu content ? Aouerlé man ?

CONTRE, contraire, près. Teigaba, Bo. 401. Reïbegua, Bi. 410.

Les François sont contraires aux Galibis.
Francici reïbegua Galibis.

CORDE. Cabouïa *ou* Amoté, P. 21. Corona, Bi. 427. Coura oua. Bo. 399.

CORNE, une corne. Imerétipo, P. 26.

CORPS, Corps mort. Tiromossé, P. 18.

COTE du corps. Soropo. Bi. 510. Bo. 402.

J'ai la côte rompue. Aou soropo natanbouti.

COTÉ. Yéouini. P. 29.

De l'un & de l'autre côté du chemin. Yéouini oma boco amoûmam. id.

COTTON, Arbrisseau qui le porte. Maourou, Bo. id. Bi. id. P. 22.

COUDE du bras. Apoïrena. Bo. 402. Bi. 410.

COUP, Coup de pied. Chitouca. P. 17.

COUPE à boire. Couay, Bo. 402.

COUROUCÉ, fâché. Tariqué. Bo. 402. Teriqué. Bi. 400.

COURT. 'Seminé, Bi. 409.

COUTEAU. María, Bi. 410. Maya, Bo. 402. Malía, P. 20.

J'ai perdu mon couteau. María outali.

J'ai oublié mon couteau. María oneiné.

Couteau dont la pointe eſt du côté du tranchant, (Serpete) Tibopingan malía, Bo. 403.

COUTUME, mode. Emiolé, Bi. 421.

C'eſt ſa coutume. Eméréro, P. 28.

COUSIN. Bamou, Bo. 403. Bamon, Bi. 411.

Mon Couſin, viens à Ceperon voir le Capitaine. Bamon acné ceperoubo ſené ïapotoli.

COUVERTURE d'une caze. * Autibippo P. 17.

* Comme ſi l'on diſoit la peau d'une caze.

Couverture du lit. Acatibippo *ou* Batibippo, P. 20.

CRACHAT, ſalive. Eſtago', Bi. 428.

CRIBLE. Manalé, Bo. 402.

CRIEUR, un Crieur. Nicotay.

CRISTAL. Piritou, Bi. 411. Bo. 408.

Les filles & les femmes aiment le criſtal bien clair & bien dur. Ouali piritou taſſiéri popé ciponimé.
clair dur.

CROCHU. Tigonay, Bo. 403. Tigoconé, Bi. 411.

Cet homme a les pieds crochus. Moc oquili ipoupo tigoconé. Bi.

CROIX.

En forme de Croix. Patonebo, P. 30.

CUILLIER, une Cuillier. Itoupot, Bi. 411. * Toupo, P. 20. Toupot Bo. 403.

* *Toupo* ſignifie auſſi *deſſus.*

CUIR ou Peau. Opipo, Bo. 400. Epopo, Bi. 409. Opopo.

Cuir à ſouliers. Morantui, Bo. 400.

CUISINIER, Fricaſſeur. Cocqué, Bo. 403, 408.

CUISSE, la Cuisse. Eipeti. Bo. 403. Ipiti, Bi. 411.

CUL, le Cul. Ineſſin. Bo. 403. Bi. 411.

Je te fouetterai le cul, tu es méchant.

Aou ineſſin macouali alié, amoré iroupa oua.

moi cul fouetter tantôt, toi bon pas.

Je chauffe le cul. Anſe gouca. Bo. 403.

D.

DANS, ou dedans. Ida, Bi. 413. Ta, Bo. 405. Tacâ, P. 6.

DEBOUT. Poré, Bo. 404. Bi. 412.

Demeurer là, debout. Poré bonicané enebo.

DECHARNÉ. Ipuma, Bi. 420. Ipouma, Bo. 404.

DEMAIN. Acoropo, Bo. 402. P. 7. Coropo, Bi. 412. Acolopo. P. 7.

DENTS, les Dents. Yéré. P. 17. * Yeri. Bi. 412. Bo. 404. * Yeri ſignifie quelque fois, *cela*.

DERRIERE.

Il eſt allé derriere. Acouloutano táca niton, P. 27.

DESCENTE. Paâpo, Bo. 404. Neapo, id. Peabo, Bi. 412.

Cette deſcente eſt fort rude. Peabo polipé.

DESSUS, au-deſſus. Toúpo. P. 7.

Au-deſſus du Ciel, ſur les Cieux. Cabou toúpo, id.

DESSOUS, au-deſſous. Oubino, P. id.

Au-deſſous de la Lune. Nóuno oubino.

DÈS QUE, d'où vient que. Inalique. Bo. 416.

DIX. Oïa batoné. Bo. 405.

DEUX. Ouecou, Bo. 404. Bi. 413. Ocquo. id. Occo, P. 14.

DIABLE. Iroucan, Bi. 412.

Bo 404. { Youroucan. Jeroucan. Toupan.

Yolocan, P. 25.
Irocan. Lab. 385.
Mapourou. id.

Par les Galibis. Hyorocan.

Par ceux qui ſont avant dans les Terres. Anaanh.

Par les Caraïbes. Moboya.

Celui qu'ils craignent le plus, & qui eſt, ſelon eux, un vrai mangeur d'Indiens. Chinai.

Celui avec lequel ils croient que leurs Piayes ont le plus de relation. Wattippa. Laet. 641.

Le Diable eſt méchant, il bat les Indiens & il ne bat pas les François.

Icouran iroupa oua, Calina macouali, Francici
Diable bon non, Indiens battre, François
macouali oua. Bi. 413.
battre non.

DIEU. Tamouſſi Cabou, Bi. 412. *Vieillard du Ciel.* Tamouſſi cabo, Bo. 404. Dioſſo. Tamoucou. P.

Dieu a fait le Ciel, la Terre, la Mer, les Poiſſons, le Soleil, la Lune, les Étoiles. *Tamouſſi Cabou Cicapoui Cabou, Nono, Parana, Oto, Veïou, Nouna, Serica.*

A Dieu, je vous ſalue. Salua. Sarua, P. 24. Cerabado, Bo. 395.

DOIGT, les doigts de la main. Ouéitoucoboli, P. 17. Amo, Bo. 405. Yamori, Bi. 413.

Cette Fille a les doigts longs.
Ouali ïamori mancipé.
Fille doigts longs.

DOS, le dos. Icanaré, P. 17. Caſtubo, Bo. 405. Bi. 413.

Les Femmes portent du bois ſur le dos.
Ouali Sarai vuévué caſtubo.
Femmes porter bois dos.

DOULEUR. Atombé, Bo. 405. Etombé, Bi. 413. Yeton, P. 22.

Je ſuis malade, j'ai de la douleur. Aou etombé, Bi. id. Yetombé, P. id. *moi douleur.*

J'ai du mal à la tête. Oubouppo yetombé, P. id. *Tête malade.*

L'aiſſelle me fait mal. Eïatari etombé. *Aiſſelle malade.*

DOUX. Tepochiné, Bo. 413.

DUR. Toppé, Bi. 413. Popé, id. 411.

E.

EAU. Touna, P. 16. Bo. 404. Bi. 414.

Eau bourbeuſe. Acourou bé man touna, P. id. *boue pleine fort eau.*

Eau qui ne ſe tarit ni ne s'écoule. Abou mapo man toúna, id.

EAU DE VIE. Brandouin, Bo. 404. Brandevin, Bi. 414.

ÉCHAUFFURE. Tamoin, P. 22.

ÉCRANS ſur leſquels ils mangent. Aouaris aouaris, Ba.r. Rel. 187.

ÉCROUELLES. Touômoin, id.

ÉCUME. Aco, P. 27. Acombo, id.

Écume de ce qui bout. Acombo outapo, id.

ÉLOIGNÉ. Tiſſé, Bo. 404.

EMPLATRE. * Enoboun, P. 23.

* Ce mot ſignifie auſſi un Bouchon.

ENCORE. Amourouba, Bi. 405. Amouroba, P. 8.

ENFANT, jeune Enfant, petit Garçon. Pitani, Bo. 413. Tigami, id. 404. Bé. 414. Sibiou, P. 17.

Petit Garçon, ſi tu pleures, je te donnerai le fouet. Tigami, amoré natamoué touralé alié macouali ſebetagué.

ENFERS, lieu qu'ils ſuppoſent au fond de la Terre, où vont les ames de ceux qui ont mal fait. Soy. Laet. 642.

ENFLÉ

ENFLÉ, gros. Poto, Bi. 415. Apoto, id. 417.
ENNEMI. Toto, Bo. 404. Itoto; Bi. 414. Eïtoto, P. 22.
Ennemi qu'il faut perdre. Eïtoto acamaré, P. id.
ÉPAIS. Maucipé, Bo. 404.
ÉPAULE. Amanta, Bo. 404. Imotali, Bi. 414.
ÉPÉE. Oufipara, Bo. 404. Anchipara, id. Cachipara, Bi. 414. Soubara, P. 21.

J'ai tué un Palicour avec mon épée. Aou Palicoura chioué cachipara gué, Bi. id. La particule *gué* eft vraifemblablement la même que *ké*, qui à la fin d'un mot fignifie *avec*.

ÉPINE. Aoura queli, Bi. 431.

Tirer une épine du pied. Aoura queli chéquié pouparo.

ÉPINGLES. Acoufa, Bo. 404. Bi. 415. Alloflerou, P. 20.
ÉPONGE. Anaáguira, P. 26.
ESCLAVE. Tamon, Bo. 404. Amoti, Bi. 414.

Talis étoit efclave du vieux Sauvage Bimon, ennemi des François.

Talis penaré amoti Tamouffi Calina Bimon Itoto Francici. *Talis autrefois Efclave Vieillard Sauvage Bimon ennemi François.*

ESPRIT. Iffiméi.

Les efprits. Iffiméïri, P. 25.

Un homme qui a de l'efprit. Iffiméi ké.
Efprit avec

Un homme qui n'en a pas. Iffiméi pa.

ESTOMAC. Itipobôrou, Bo. 405. Ipobou, Bi. 415 Itipobourou, id. 414.
ET. Raba, Bo. 405.

Et toi. Amoré raba.

ETAIN. Couraffou, P. 16.
ETOILE. Sericâ, Bo. 404. Bi 415 * Siricco, P. 15.

* *Siricco* fignifie auffi une année.

ETRON. Ouaté, Bo. 405. Hueto, Bi. 415.

Cet étron pue, ſent mauvais. Moc hueto, téguerè, Bi. 415.

F.

FACE, viſage. Yepota, Bo. 405. Yepotali, Bo. 405. Embatali, Bi. 415.

Cettte fille a un beau viſage. Moc ouali Embatali couramené.

FACHEUX. Teriqué. Iropaſua, Bo. 405.

FAIM. Nicoumely, Bo. 405.

Avoir faim. Tetarouania, Bi. 416. Tetaroné, id.

FANGE. *Voyez* BOUE.

FEMELLE. Oly, Bo. 405. Ouori, P. 12.

FEMME. Apouitimé, Bo. 405.

Ma femme. Ipreti, id. 408. Aou oli, Bo. 417. Les femmes. Oulian, P. 18.

Ma femme veut de la caſſave. Aou oli caſſourou icé.

FER. Sipàrali, Bo. id. Sibarali, Bi. 416. Sibarari, P. 16.

FESSES, les feſſes. Ineſſin, Bo. 405.

FEU. Ouato, Bo. 408. Bi. 416. P. 15.

Un tiſon de feu. Ouato topo, P. id.

FEUILLES des arbres. Sarombo, Bo. 408. Chalombo, Bi. 416.

FIEVRE. Accoleou, P. 22.

FIGUES du pays. Meguérou, id.

FIL, du fil. Inimo, Bo. 408. Inémo, Bi. 416.

FILLE. Pourouné, Bo. id. Moï moï., Bi. 416. Ouali, id.

Cette fille eſt belle, elle a les cheveux noirs, le viſage plein, un peu long. Moc ouali couramené, mocé ioncé tibourou, embatali apoto, enchiqué mancipé.

FILS. Mourou, P. 17.

Fils d'amitié. Imourou tigami, Bo. 408.

FLAMANS. Fiaminga, Bo. 409.

Les marchandises des Flamans ne valent rien, & celles des François sont belles.

Fiaminga enékali iroupa oua, ïce Francie
Flamans marchandises bonnes non, vouloir France
raba enékali iroupa tapouimé. id.
& marchandises bonnes beaucoup.

FLECHE. Plioua, Bo. 408. Plia, Bi. 416. Bleoua, P. 21.

J'ai fait une fléche de roseau. Plia chicapoui coumaraoua.

FLEUR. Eboírerė, P. 22.

FLEUVE. Ypoliri, Bo. 408.

FLUTE. Sivali. Bo. 408.

Flûte de trois pieds qui n'a qu'un trou, & pour embouchure une anche. Chaque Flûte n'a qu'un ton, & ils font toujours au moins huit Flûtes, & quelquefois plus de cinquante. Cinat, milh. 420. Bar. Rel. 200.

FOIS, une autre fois. Amoúmeté, Amouoïaco, Amouoïaconé, Amouoiacoté, Amouoiati, P. 8.

Quelquefois. Amouriaco, P. id.

Autrefois, il y a long-tems. Penaré.

FORME, en forme de croix. Patónebo, P. 30.

FORT *ou* Très. Man, *Bi.* 398.

Très-fort. Toppé man, Bo. 429. Bi. 431.

Fortement, vigoureusement. Balipé, P. 8.

FOSSE du col. Issabenourou, Bo. 408. Bi. 416.

FOU, fol. Touarepan, Bo. id. Touarpon, id. Toualé, Bi, id.

FOUET. Makouali, Bo. 409. Macoali, P. 22.

FRANÇOIS, les François. Francici, Bo. 409.

Les François sont sages & point enfans.

Francici touaré Francici pitami oua. Il y a lieu de croire que la négation *oua* est sous-entendue après le mot *touaré*, qui ne differe qu'en une lettre de *toualé*, qui signifie *fou.*

Les François sont bons, ils veulent être amis des Sauvages.

Francici iroupa, Galina banaré icé.

François bons, Sauvages amis vouloir.

FRERE. Bamen, Bo. 408. Heu-ay, id. Biou, P. 17.

Frere aîné. Ensayn, Bo. id. Ensin, Bi. 416.

Petit frere. Digami, Tigami, Bo. id. Bi. id.

Beau-frere. Bamen. Baman, id.

FRICASSEUR. Cocqué, Bo. 408.

FROID, avoir froid. Ticominé, Bo. 395.

FRONT, le front. Iperi amori, Bo. id. Ibari, Bi. 416.

Cet enfant a le front large. Moc tigami ibari Tapopiré.

FRUIT. Eperi, Bo. id. Esperibo, Bi. id.

FUMÉE. Maitaguiné, Bo. id. Ouatoquiné, Bi. id.

Il y a de la fumée, dès qu'il y a du feu en ce lieu-là.

Enebo ouatoquiné, inalique ouato erebo.

là fumée dès que feu là.

FUSIL, mousquet Aracaboussa, P. 21.

Fusil à battre le feu. Cay cay, Bo. 408. Coureneïou, Bi. 417.

FUTAILLE, tonneau. * Pipa, Bo. id. Bi. 416.

* Mot Espagnol.

G.

GALIBIS, peuples sauvages. Galibis, Bi. 393.

GARCE, putain. Yauansy, Bo. 408.

GENISSSE. Vacca, P. 18.

GENOUIL. Ocuna, Bo. 408. Yeconari, Bi. 17.

GENS, ſoldats, camarades. Poitoli, Bo. 408.

GORGE. Enuaſſa, Bo. id. Enaſſari, Bi. id. Jeene. Yais, Laet, 645.

GOURDE. Mourotago, Bo. id.

GRAINE. Eboïpo, P. 22. Ri. *ou* Ry. id.

GRAINS de verre, raſſade. Caſſouré, Bo. 408.

GRAISSE tirée des noyaux de l'aouara. * Quioquio. Mſ.

* Ce mot ſignifie auſſi *oindre*, graiſſer.

GRAND. Apotomé, Bo. id. Bi. id.

GRAS. Tikacay, Bo. 408. Ticagué, Bi 417.

Ce cochon eſt grand, gros & gras. Moc poinga, Apotomé, ticagué, Apoto.

GROS. Apoto, Bo. id. Bi. id.

GUENON. Mecou, Bo. id. Bi. id.

GUERRE. Oualimé, Bo. id. * Erecou, P. 22. Erécourono, id.

* Ces mots ſignifient auſſi *la colere.*

Faire la guerre. Oualimé bogué, Bo.

Les Sauvages ſont venus pour aller à la guerre. Gallina menepouy oualimé bogué.

H.

HABIT, toutes ſortes d'habits. * Camicha, P. 12.

* Ce mot ſignifie auſſi une chemiſe.

HABITANS Outoboné, Bo. 408. Outonomé, Bi. 417.

HACHE. Ouy ouy, Bo. 411. Oui oui, P. 20.

HALLEBARDE. Palaſſari, P. 25.

HAMAQUE, ou lit de coton. Acado, Bo. 414. Bi. 415.

HAMEÇON. Couci, Bo. 411. Onque, Bi. 417. Coué, P. 27.

HANAP à boire, taſſe. Coui, Bo. 411. Couay, Bi. 417.

HANCHE. Oumata, Bo. 411. Yetali, Bi. 417.

HAUT. Ouipi, Bo. id. Nucé, Bi. 418.

Cet oiseau vole haut. Moc tonoro tenelé nucé.

HERBE. Itoupou, Bo. 411. Bi. 418.

Cette savane ou prairie est pleine d'herbes. Moc ouaipo itoupou tetaligué.

HEURE, à cette heure. Erémé, Bo. id. Bi. id.

HIER. Coyara, Bo. id. Coïaré, Bi. id. Coignaro, P. 7. Avant-hier. Monin coignaro, P. id.

HOMME mâle. Oquiri, Bo. id. Oquili, Bi 418. Oukéli, P. 12.

Les hommes en général. Bouitonou, P. 17. ouclian, id.

HOTTE. Catoli, Bo. 411. Catauli, P. 19.

Sorte de petite Hotte, corbeille à jour ronde, de la longueur d'environ deux pieds, & large à son ouverture d'un pied. Kourkourou, Bar. Rel. 107.

HOUE, hoïau. Masseta, Laet 643.

HUILE de quelque chose que ce soit. Toubi, Bo. id. Calaba, Bi. id.

HYVER, pluye. Connobo, P. 26.

I.

JAMBE. Issairi, Bo. 411. Bi. 418.

JARDIN. Mayna, Bo. id. P. 16. Moigna, Bi. 418.

JAUNE. Tapiré, Bo. id. Tequeré, Bi. id.

ICI. Arotolobo, P. 8. Erebo, Erobo; Enebo, P. 8. Akimato, id.

JE, moi, mon. Aou, Bo. 411.

JEUNE. Bouito, P. 24. Bouitomé, id.

Jeune enfant. Pitami, Bo. 413.

Voilà un beau jeune homme. Poito couramé, Bo. 407.

ILE. Ouepo, Bo. 413. Oubaou, Bi. 418. P. 16. Oupaou, id.

IMAGE, tableau. Ebaton, P. 26.

INDIEN. Indiana, Bi. 410. Calina, id.

Combien êtes-vous d'Indiens ? Indiana enouara ?

INSTRUMENT composé de callebasses vuides. Balafo, Bar. Rel. 192. Bo. 413.

JOUR. Courita, Bo. 413. Bi. 418.

Point du jour. Emamori, Bo. 421. Bi. 425.

Le jour est beau. Courita couramené.

IVRE, yvre. Enerbeyé, Bo. 413. Enerbeyet, id. 433.

JUSQUES. Noba, P. 29.

Jusqu'à ce que j'en aie trouvé un autre.

Amoucou noba Seboricao *ou* seporicao.

autre jusques trouver.

L.

LA, ici, en ce lieu. Moé, Bo. 413. Erbo, Bi. 420. Moïa, P. 8.

C'est-là. Erebo, Bo. 404.

Demeurez là. Boucané erebo, Bo. 404.

LAIT. Cicourou, Bi. 419. Manatelé, Coupo, P. 16.

LAITON. Youarapirou, P. 16.

LAMPE. * Touli, P. 20.

* Ce mot signifie aussi un rat.

LANCETTE de Sauvage. Acoutaïabéne, P. 20.

LANGUE, la langue. Nourou, Bo. 414. Bi. 419. Enourou, P. 18.

La langue parle dans la bouche. Nourou sigaliti ida embatari.

La langue du pays. Eoulananon, P. 27.

LANGUEUR. Nourou, Bo. 414.

LARGE. Tapopiré, Bo. 414. Bi. 419.

LARRON, dérober. Manamé, Bo. 414. Monamé, Bi. 419.

Ce François a dérobé du pain chez les Sauvages.

Mocé Francici meïou monamé Indian écossa.

LAS, lasser. Acolopé, Bi. 420.

J'ai été loin, je suis las, fatigué. Aou nisan tissé, acôlopé, id.

Je suis las. Yakintai, P. 30.

LETTRE, écriture. Carata, Bo. 414. Calita, Bi. 419.

LEUR, il, lui, son. Mocé, Bo. Bi.

LIEN avec lequel on attache quelque chose. Aboitopo, P. 26.

LIGNE, *ou* hameçon. Onque, Bi. 417.

LINGE. Camisa, id.

LIT. Acato, P. 20. Bati. id.

Lit de coton. Acado, Bo. 414. Bi. 419.

LIEU, endroit. Ique, Bi. 412.

LIVRE, papier. Carta, P. 12.

LOGIS. Caza, Bo. 414.

LOIN. Tissé, Bo. id. Bi. 419. Tiché, P. 8.

LONG. Mossimbé, Bo. 414. Mancpé, Bi. 419.

LOURD, pesant. Mochimbé, Bo. 415. Mosimbé, Bi. 425.

LUI. Moc, Bo. 414. Mocé, Bi. 419. P. 6.

LUNE, la Lune. Nouna, Bo, Bi. id. Nouno, P. 15.

La Lune est pleine, il fait bon pêcher des Crabes. Nouna apoto, Coussa sapoui iroupa.

Lune grande, Crabes prendre bon.

Pleine Lune. Nouno acouliboutan, P. 15.

Dernier quartier de la Lune. Nouno acosimbora *ou* acosimbata. id. *Lune reste*

C'est-à-dire, ce qui reste de la Lune.

Na. Ils comptent le tems par le nombre des Lunaisons. Bar. Rel. 180.

M.

MAIGRE. Ipuma, Bo. 415. Bi. 420.

Cet enfant est maigre, on lui voit les os. Moc tigami ipuma amore sené yeppo.

MAIN. Amecou, Bo. 415. Apori, Bi. 420.

Les Mains. Eigna, P. 17. Eignalé. id.

Les Portugais ont les mains crochues, c'est-à-dire,

font larrons. Tounaine apori ticoconai eni figaliti mounamé. *mains crochues cela dire voleur.*
MAINTENANT. Eremé, Bo. Erimé, Bi. Eromé, P. 7.
MAISON. Caza, Bo. 415. Amoigna, id. Soura, Bi. 420.
Je veux une Maifon. Aou Soura icé.
Je menerai tous mes gens travailler à ta Maifon. Paporo aou poitoli ménépoui erbo manfiremé- bogué amoré Soura. Bo. 413. *Tous moi gens mener là, travailler ta Maifon.*
MALADE, maladie. Eyetombé, Bo. 415. Etombé, Bi. 420. Anetano, P. 23. Anetaímeoua, id.
MALE. Oquili, Bo. 416. Bi. 421.
MAMELLES. Manati, Bo. 420. Bi. 415. Manaté, P. 17. Manatelé. id.
MARAIS, Etang. Piripiri, Bi. 421.
Marécageux, Pays marécageux. Sabifabi, P. 16.
Les Marais font pleins de Tortues. Moc Piripiri aracaca tetaligué.
MARC, réfidu de l'eau de Magnoc évaporée. * Cipipa. Mf. * Ce mot fignifie auffi *poudre fine.*
MARCHANDISES. Enékali, Bo. 409.
MARÉE. Acourou, Bo. 415.
MARI. Yon, Bo. 416.
MARMITE, pot. Toroua, Bo. 416. Bi. 421.
MARQUETÉ, tacheté. Timoueuolé, Bo. 416.
MARTEAU. Tintin, P. 12.
MASSIF. Moffimbé, Bo. 416. Naucipé, id.
MASSUE. Boutou, Bo. 416. Bi. 421. P. 21.
MATRICE. Mounay, Bo. id.
MAUVAIS, Méchant. Iroupa oua, Bo. 416. Bi, 421. *bon non.*
Méchant homme. Yaouamé, P. 26.
MÉDECIN. Piaye, Bi. 403.

MEILLEUR. Tipochiné, Bi. 422.

MENTEUR. Tonabimé, Enabiri, Maraca, Ananemourou, Ananemoumaï, P. 25.

Qui n'eſt pas Menteur. Anabipa, P. id.

MER, la Mer. Parana, Bo. 416. Bi. 421. Balana, P. 16.

La Mer eſt agitée, en furie. Parana polipé. *mer vague.*

La Mer eſt calme, douce. Parana iroupa. *mer bonne*

MERDE. Ouaté, Bo. 416.

MERE. Bibi, Bo. id. Bi. id. P. 17. Iſſano, P. id.

Grande Mere. Apotomé Bibi, Bo. 408. Aï. id. Bi, 417.

MIDI. Apotomé Veyou, Bo. 416. Icourita, Bi. 421. *grand Soleil.*

MIEL. Ouanan, Bo. 417. Ouan, Bi. 422.

Le Miel eſt doux & clair dans ce pays.

Ouan tipochiné taſſieri erebo.

MILLET. Aouaſſi, Bo. 416. Bi. 421. Ouaſſi, P. 22.

MIROIR. Sibigueri, Bo. 416. Sibigriſena, Bo. id. Sibigri, Bi. 421.

Combien veux-tu de ces Bananes? Étebetemé platana? *Combien en échange bananes?*

Donne-m'en un Miroir. Sibigri mé ïaré.

MODE, coûtume. Emerlé, Bo. 416. Emiolé, Bi. 421.

Les François ont coûtume de ſouetter les méchans enfans.

Francici emiolé tigami iroupa oua macouali.

MODÉRÉMENT. Enchiqué, Bo. 417.

MOI, mon, mien, me. Aou, id.

MOIS, un mois. Ahuinique Nouna, Bo. 417. *une Lune.*

MONTAGNE. Ouiboui, P. 16.

MORT, un mort. Iromboui, Bo. 416.

La Mort. Nirounboulé, P. 13.

MOUSQUET, Fusil. Aracaboussa, P. 21.
MUSEAU d'un Animal. Ipotele, P. 10.

N.

NAVIRE. Navio, Naviota, Bo. 418. Naviota, Bi. 422. Cannabira, P. 21.
NÉGRE, Maure, Noir. Tibourou, B. 422. P. 23.
NEZ, le nez. Enetali, Bo. 418. Natali, Bi. 422. Enétalé, P. 17.
NIÉCE. Tapio, Bo. 418.
NOM. Été, P. 28.
Quel est le nom de cela ? Nok' été ? P. id.
NON. Oua, Bo. 417. Bi. 422. Ouati, P. 8. Ouané, id. Ouatinan, id.
Non pas. Ouacé, Bo. 418.
NOTRE, nos, nous. Aou.
NOUS. Ana, Bi. 422.
NUAGE. Capou, Bi. 422.
NUES. Becou, P. 15.
NUIT. Cooquo, Bo. 418. Bi. 422.

O.

ŒIL. Enourou, Bo. 418. Bi. 423. Yénourou, P. 7.
Le Soleil est l'œil de la Terre. Veïou enourou nono.
ŒUF. Imombo, Bo. 418. Bi. 423. Imon, P. 24.
La poule a pondu. Corotoco imombo.
OISEAU. Tounourou, Bo. 418. Tonoro, Bi. 423.
OMBRE. Timoueré, Bo. 418. Bi. 423.
ONCLE *ou* Tante. Yaou, Bo. 418. Bi. 423.
OR, de l'or. Caounague, P. 16.
OREILLE. Pana, Bo. 418. Bi. 423.
Tu entends avec les oreilles. Aconomé pana amoré secouti.

OS. Yépo, Bo. 418. Bi. 423.
OU, par où. Oïa, Bi. 423. Né, P. 8.
OU, ou bien. Nei, P. 8.
OUI. Terré, Bo. 418. Bi. 423. Teré, P. 18.

P.

PAIN. Meïou, Bo. 419. Bi. 423. Erába, P. 24.
Donne-moi du pain, Compere. Icco meïou banaré.
Pain de Froment. Poloto, Bi. id.
J'aime autant le pain de Caſſave que celui de Froment.
Aou ciponimé meïou enouara
moi aimer pain de Caſſave comme
poloto.
pain de Froment.
PALINOT, boiſſon. Palino, Bo. 432.
PANIER, grand Panier. Grougrou, Bi. id.
Panier, petit Panier. Paguara, Bo. id. Pagara, Bi. id.
Panier à mettre des fléches. Amati, Bo. id.
Les Indiens ont apporté un Panier plein d'huîtres.
Calina Grougrou tetaligué amaïpa ſenebui erbo.
PAPIER, lettre, écriture. Carata, Bo. id. Calata, Bi. id.
PARCE QUE. Outenomé, Bo. 423.
Pourquoi t'en vas tu? Outenomé amoré niſſen, id.
Parce que j'ai ſoif, & que tu n'as pas du huicou.
Outenomé aou nikoumelli, amoré raba ouaçou nimādi gaa.
rien.
PAREIL. Morouara, Bo. 419.
PARESSEUX. Anquinopé, Bo. 420. Bi. 424.
PAR-là. Enaebo, Bo. 419. Morabado, Bi. 424.
Je vais par-là. Morabado ſan.
PAR où. Oya, Bo. 419. Necbado, Bi. 423.

PAS. Pa. (*Après le verbe.*) Oua. (*Après le nom*)
Non pas. Ouacé, Bi. 426.
Non, je ne suis pas pareſſeux. Ouacé, anquinopé oua.

PATE pour faire du ouacou. Tapanon, Bo. Bi. id.

PEAU. Opipo, Bo. id. Ibippo, P. 11 & 17.

PEINTURE, peindre. Timeré, Bo. Bi. id.

PERE. Baba, Bo. 420. Bi. 424. Youaman, P. 17.
Pere grand, Grand-pere. Tamouſſi baba.
Vieillard.

PERTUISANNE, Hallebarde. Palaſſari, P. 21.

PESANT. Moſſimbé, Bo. 421. Bi. 425. Amotchímbé, P. 25. Amotchimban, id.

PET. Piqua, Bo. 420. Bi. 424.
Tu es vilain, tu petes ; cela pue beaucoup.
Amoré iroupa oua, amoré piqua, moc teguere tapouimé.

PETIT. Enchinoc, Bo. Bi. id. Enſiké, P. 26. Enſiti, id.
Très-petit. Enchiqué cé, Bo. 429. Bi. 431.
Petit d'un Animal. * Magon, P. 12.
* Ils ajoutent à ce mot le nom de l'Animal.

PETUN, Tabac. Tamoui, Bo. 422. Bi. 426.
Je veux prendre du Petun. Aou icé ſapoui tamoui.

PEU, un peu. Enchiqué, Bo. 420. Bi. 424. Enſico, P. 8.

PEUR, avoir peur. Tenariquien, Bo. id. Tenariqué, Bi. id.
Le tonnerre me fait peur. Conomerou tenariqué.

PIANS, les pians *ou* pains ; eſpece de vérole. Poiti, Bo. id. Poétai ïa ïa, P. 23.

PIED. Ipoupou, Bo. 420. Bi. 424.
Les pieds. Boubourou, P. 17.
Coup de pied. Chitouca, P. id.
Pied, meſure. Toupourou, Bi. 429.

PIERRE, cailloux. Taupou, Bo. Bi. id. Tobou, P. 16 & 7.

PIERRE à chaux. Amaípo, P. id.

Pierre verte. Tacoura oua, Bi. 422.

PIMAN, poivre du Bresil. Pomouy, Bo. Pomi, Bo. 420. Bi. 422.

Le Piman est bon à faire de la sauce à la viande & au poisson.

Pomi iroupa touma iponombo, oto.

PIROGUE, espece de barque longue. Canoa, P. 21.

PLANCHE. Vuévué, Bi. 409. Simoulaba, P. 11 & 20. Simouraba, id.

PLAT, assiette. Prapi, Bo. 421. Parapi, Bo, id. Palapi, Bi. 425. Palabi, P. 20.

PLEIN. Tetaligué, Bi. 424.

PLEYADES. Xerick, Bar. Rel. 179.

Le retour des Pleyades sur l'horison avec le Soleil, fait l'année solaire des Sauvages. Bar. ibid.

PLOMB. Piroto, Bo. 421. P. 16. Piroté, Bi. 425.

PLUYE. Connobo, P. 26.

A cause de la pluye. Connoboké.

Allons, de peur que la pluye ne vienne. Caman connoboïoboulé bona.

PLUME. Appolliré, P. 10.

POIGNÉE de quelque chose, ou lien avec lequel on l'attache. Aboitopo, P. 11 & 26. Aboïtobo, id.

POIL. Oncay, Bo. 421.

POINT du jour. Emamori, Bo, id. Bi. 425.

POINT du tout. Ouatinan, Bo. 422.

POIS à manger. Coumata, Bo. 421. Bi. 425.

Les pois sont de bon potage. Coumata iroupa touma chicapoui.

POISSON. Oto, Bo. 421. Bi. 425.

Les Poissons. Ouotto, P. 18.

POITRINE. Pyelapo, Yais, Laet. 643.

POIX, de la poix. Mani, Bo. 421. Magni, Bi. 425.

PORTE du logis. Pena, Bo. 421.

PORTUGAIS. Tonnaine, Bi. 420.
POT à cuire. Touroua, Bo. 21.
POTAGE, ſauce. Touma, Bo, id. Bi. 425.
POU, un pou. Omoui, Bo. id. Bi. id.
Les Indiens mangent les poux en ce pays. Indiana omoui aminé erbo.
POUDRE à canon. Couroupara, Bo, id. Couroubara, Bi. id. Bouroubourou, P. 21.
Poudre fine. Cipipa, Mſ.
POUL, le poul. Emiti, Bo, Bi, id.
POULIE. Ikirilicatopo, P. 12.
POUR, contre. Boco, P. 6.
POURPIER. Sacou, ſacou, Bo. 421. Sacou, Bi. 425.
Le Pourpier eſt bon avec de l'huile. Sacou iroupa aconomé calaba.
POUR QUE, afin que. Bota, P. 9.
POURQUOI. Outonomé, Bo, id. Otonomé, Bi. 426.
POUSSINIERE, l'étoile pouſſiniere. Serica, Bo. 421. P. 8. Bi. 425.
PRAIRIE *ou* Campagne. Oubi, P. 16.
PRÉCIPICE, eſcarpé. Anäïa, P. 26.
PRÈS de, vers, du côté de. Ouino, P. 7.
PRÉSENTEMENT. Érémé, Bo. 422.
PRIX de quelque choſe, en revanche. Ébétemé, Bo. 423. Ebétimé, P. 27.
PROMPTEMENT. Telaoné, P. 8. Alité, Bo. 422.
PUTAIN. Yauanſi, Bo. 422.

Q.

QUAND, quand ſera-ce ? Etiagué, Bo. 423. Etagué, Bi. 426.
Quand viendras-tu ici ? Etagué amoré ne oui erbo.

QUANTITÉ, en quantité, plein de. Bé, *à la fin du mot*, P. 9.

Maiſon pleine de bois. Auto huéhué bé.

QUARANTE. Opoupoumé, Bi. 397.

QUATRE. Acouroubamé, Bo. id. Ouirabama. 426. Occobaímemé, P. 14.

QUE? Interrogatif. Été, Oté, Bi. 426.

Que fáis-tu là? Été bogué amoré erbo.

Qu'eſt-ce là? Été mócé? Que veux-tu? Oté icé?

Que veux-tu pour cela? Oté betémé, Bo. 423.

QUEL. Anac, Bo. id.

Quel eſt le nom de cela? Nok été, P. 18.

QUELQUEFOIS. Amouriaco, P. 8.

QUELQU'UN. Amouco, P. 26. Amouna, id.

QUI? Interrogatif. Nec, Bi. 426. Noké, P. 6. Anoké, id.

Qui eſt-ce? Anokeré, P. 28.

Qui eſt mort? Noké nirounboui, id. 6.

Qui es-tu? Nec moré ſe, Bi.

QUINZE. Poupoutoné, Bo. 423.

QUOI, de quoi. Etéquaye, Bo. 404. Anaqué, id. Etemégamé, Bi. 412. Oté, P. 27.

De quoi parlent les Indiens? Etémegamé calina?

Un geſte tient, ſans doute, lieu du verbe qui eſt ſous-entendu.

R.

RACINES. Parentana, Bo. 424. Parentanon, id.

RACLURES de magnoc. Caſſiripo, P. 26.

RASOIR. Querici, Bi. 427. Kerémici, P. 20.

RASSADE. Caſſourou, Bo. 405. Caſſouré, Bi. 427. Cachourou, P. 20.

RAT. Mombo, Bo. 424. Ratoni, P. 18. * Touli, id.

Touli, ſignifie auſſi *une lampe*.

RESINE. Colliman, Laet. 645. Carriman, id.

La

La résine, qu'ils appellent ainsi, est noire, luisante, donnant une odeur agréable sur les charbons.

Celle qu'ils appellent Barratta, Laet, id. outre son odeur agréable, est un baume souverain contre les blessures nouvelles.

RESTE, le reste. Acossimbo, P. 27. Aconómboro, id.

REVANCHE (*par métaphore*) le prix de quelque chose. Ebetimé, P. 27.

RIEN, je n'ai point. Nimaey, Bo. 424. Nimadi, Bi. 427.

RIVIERE. Ipoliri, Bo. 424. Bi. 427. Escourou P. 16.

ROBE. Camicha. P. 7.

ROCHE, Caillou, Pierre. Taupou, Bo. Bi. id.

Cœur de Roche. Couipo. mſ. Ce nom se donne aussi à un grand arbre qui a des petites pierres dans son cœur.

ROND. Omécouté, Bo. 425. Nemecouté, Bi. 428.

ROUGE. Tiguieré, Bo. id. Tapíré, Bi. id. P. 23.

ROUGE-BRUN. Tigaré, Bi. id. P. 23.

ROUX ou blond. Tavíré. P. 23.

RUDE. Polipé, Bi. 412.

S.

SABLE. Saca, Bo. 425. Unichin, Bi. 428. Sácau. P. 16.

SAGE, Sçavant. Touarépaeüa, Bo. 425. Touaré, Bi, 428.

SAIN de corps, qui n'est pas malade. Etombé oua. 428.

SALIVE, Crachat. Estago, Bo. 425. Bi. 428.

Ta salive est puante. Amoré estago tigueré.

SANG. Inuouénouré, Bo. 425. Timonouré, Bi. 428.

Moinou. P. 17 & 26. Moinourou, id. 27.

Va chercher le Piaye qu'il me saigne. Piaye itangue, timonouré itangué.

SAOUL, je suis Saoul, j'en ay assez, c'est assez. Aoïmbo, Bi. 427.

SATAN. Yoarocan. Bo. 425.

SAUSSE. Toumaly. Bo. 425.

SAUSSE, POTAGE, Soupe. Touma, Bo. 427. Bi. 429.

Les Sauvages n'ont point d'autre sausse que la pimentade. Calina nimadi touma, pomi.

Sauvages rien sausse, poivre du Bresil.

SAUVAGES, Peuples. Galina oa Indi, Bo. 426. Calina *ou* Indian, Bi. 429.

SAVANE, Prairie, Campagne. Ouói. P. 16.

SCIE. Gregré, Bo. 426, Bi. 429.

SCORPION, Animal. *Sibiriri. P. 19.

* *Ils se servent du même mot pour nommer la constellation du Scorpion.*

SEC. Anóli. P. 26.

Qui n'est pas sec. Anólipa *ou* Anoripaman. id.

SEL. Pamo, Bo. 425. Sotou. id. Sauti, Bi. 428.

Les Indiens ne mangent point de sel. Calina sauti aminé oua.

SELLE, un Selle. Mouley, Bo. 426.

SELLE, Siége. Moulé, Bo. 426. Bi. 429. Monté, Bi, 406. Amonteri. P. 19.

Ton Siége. Aïabo. P. id.

SEMBLABLE. Enouara, Bi. 426. Bi. 429.

Tu es semblable à mon fils, Amoré enouara tigami.

SERPE. Monceta, Bo. 426. Maceta. id. Bi. 429. Sarabou. P. 20. Manséta. id.

Que veux-tu de cette poule? Ebetemé corocotogo? J'en veux une Serpe. Aou icé maceta.

SERVITEURS, ceux qui servent. Bouitouli. P. 17.

SEUL. Auniq, Bo. 426. Bi. 429.

Un seul. Oouin coman. P. 14.

SEULEMENT. Logon. P. 19. Lotin. id.

Un seulement. Oouin logon *ou* lotin.

SI, ne s'exprime point.

Si vous travaillez vite je vous payerai tous. *il faut tourner ainsi la phrase.*

Vous vite travailler, tous moi payer. *amoré cochi circouramé, paporo aou sibegatay.* Bo. 427.

Si tu n'es pas paresseux, je ne serai pas vilain.

Amoré enquinopé oua, aou imombé oua, Bo. id.
toi paresseux non, moi Vilain non.

SIFFLET, un sifflet Anetolegon. P. 20.

SŒUR. Oua ouaca, Bo. id. Enauté. P. 18. Wargée. Yais laet. 643.

SOIF, avoir soif. Acoumely, Bo. 426. Nicoumeli, Bi. 429. id. 402.

J'ai soif, donnez-moi à boire. Aou nicoumeli, sineri mé ïaré.

Je n'ai pas soif. Anakelipásiman. P. 29.

SOIR, le soir, la nuit. Coïé, Bo. 426. Bi. 429.

SOLDATS. Ipretoli, Bo. 427.

SOLEIL. Veïou, Bo. 426. Bi. 429. Hueïou. P. 29.

Soleil levant; Veïou nobouy. Soleil couchant. Veïou niromboui.
venu
mort.

Le Soleil est si chaud qu'il met hors d'haleine les personnes. Acoumouicáé hueïou. P. 29.

SOMMEIL. Ouetou. P. 26.

SOUFFLET, coup de main sur la joue. Sibanómoïa. P. 17.

SOUFFLET à souffler. Ouari ouari, Bo. 427. Ouoli ouoli, P. 20.

SOULIER, *mot Esp.* Sapato, 427. Sapata, Bi. 427.
SOUVENT. *Touké. P. 7.

* *Ce mot signifie aussi* Beaucoup.

SUCRE. Carou, Bo. 427. Sicarou, Bi. 429.
SUR, DESSUS. Toupo, Bi. 428.

T.

TABAC, Petun. Tamoui, Bi. 422. Bi. 426.
TABLE, petites tables pour manger. Matoutou. P. 19.
TABLEAU, image. Ebaton. P. 26.

Tableau du Diable. Anaan tanha, Barr. Rel. 216.

TABLIER, petit tablier dont ils se couvrent. Bibialé. P. 23.
TAMBOUR. Chamboura, id.
TAMIS à passer la farine de Magnoc. Matapi, Bo. 429. Manaret, Barr. Rel. 31.
TANTE, Niéce. Tapio, Bo. 428 & 418.
TANTOT. Alié, aliée, Bi. 430.

Attends à tantôt. Alié té cé, Bo. 428.

TAQUIN. Amoúnbé. P. 25.
TASSE à boire. Couy, Bo. 428.
TASSITE, ou marqueté. Timoneuolé, Bo. 428. Timeuolé, Bi, 430. Timoueuolé, Bi. 405.

Les Tigres sont marquetés. Gaïcouchi timeuolé, Bi. 430.

TEMPÊTE sur la mer. Parana tarigué, Bo. 428. Paranabo polipé, Bi. 408. Parana tariqué, Bi. 430. *mer fachée.*
TEMPS, il y a long-temps. Binaro, P. 8. Binatomé, id.

Dans peu de temps. Alliré *ou* alliretté. P. 9.

TERRE. Nono, Bo. 428. P. 16. Soye, Laet. 643.
TÊTE, la tête. Oupoupou, Bo. 428. Opoupou, Bi. 430. Ouboupou. P. 16.
TETINS, Mamelles. Manaté. P. 17. Manatelé, id.

TISON de feu. Ouato topo. P. 15.
TOI, vous, tu, ton, tien. Amoré, Bo. 429. Bi. 430. Amolo. P. 6. Amoro, id.
TONNERE. Conomerou, Bo. 428. Bi. 431. Tonimerou laet. 643.
TONNEAU, *mot Esp.* Pipa, Bo. 428.
TORRENT d'eau. Tiabomé, Bo. 428.
TOT, bientôt. Aïreté. P. 8.
TOUS. Paporé, Bo. 429. Paporo, id.
TOUT. Papo, id. & Bi. 430.
Tout pour tout. Moutou papo, Bo. 429. Bi. 430.
TREPIED pour porter le canari sur le feu. Touma abóné, P. 19.
TRÈS ou Fort. Man, Bi. 398.
Cet Indien est très-bon. Mocé Calina iroupa man.
TROIS. Oroua, Bo. 429. Bi. 431. Oroa, P. 14.

V.

VAGUES de la mer. Polipé, Bo. 430. Bi. 431.
VAISSELLE de terre. Arinato, P. 20.
VENT. Epebeita, Bo. 430. Peperito, Bi. 431. Bebeíto. P. 15.
Il fait grand vent. Peperito apotomé.
VENTRE, Entrailles, Boyaux. Ouimbo, Bi. 431.
VERGE, Fouet. Macouali, Bo. 430. Bi. 432. Macoali. P. 22. Moinou, P. 28. *Ce mot signifie aussi* du sang.
VEROLE. Poiti, Bo. 430.
Verolés. Pyanisten, Barr. Rel. 88.
VEUVE. Epebeita, Bo. 430. Epebcita, id.
VIANDE. Iponombo, Bo. 430. Otoli, id. Bo. 430.
Donne-moi de la viande dans mon plat. Iponombo me ïaré palapi ida, Bo. 425.
plat dans.
VIGOUREUSEMENT. Balipé, P. 8.
VIEUX, Viellard. Tamoussi, Bo. 431.

VIEUX, (ce qui est depuis long-temps.) Binatomé, P. 25.

VILAIN, Chiche. Amonbessou, Bo. 431. Amembé, Bi. 432. Aïamouké, P. 25.

VIN, Brandevin, Bo. 431. Binum, P. 24.

VINGT. Poupoubatoret, Bo. 431. Oupoumé, Bi. 397.

VISAGE. Yepota, Bo. 431. Yepotali, id. 405. Embatali, Bi. 415.

VITE, Promptement. Alieté, Bo. 432. Cochi, id. 431. Coci, Bi. 431.

Allez vite. Coci nisan.

VITEMENT. Telaoné, P. 8.

UN. Auniq, Bo. Bi. id. Oouin. P. 14.

VOILA. Ené. P. 8.

Je veux du pain, Aou icé meïou.

En voilà. Nedo, Bi. 417.

VOILE à Navire, à Canot. Pira, Bo. Bi. id.

VOLAILLE. Corocotogo, Bo. id.

VOLEUR, Larron. Monamé, Bo. Bi. id.

VOUS, toi, ton, vôtre. Amoré, Bo. Bi. id.

VRAI. Tarané, Bo. 431. Tourené, Bi. 432.

Cela est vrai. Ini *ou* Moc tourené.

Est-il vrai, mon Compere? Taréné Banaré? Bo. 432.

Y.

YVRE. Enerbeyé, Bo. 413. Enerbeyet, id. 423. Enerbé, Bi. 432.

DES VERBES.

A.

ACCABLER. Acamaré, P. 12.

Perdre, accabler, détruire l'ennemi. Eïtôto acamaré.

ACHETER *ou* Traiter. Sibegati, Bi. 405. Cibegati, Bo. 393. Sebegati, id. 395, Sebegari, Bi. 400.

Je veux acheter un lit de coton. Aou icé Sibegati acado.

Pour ne l'avoir pas acheté. Anabémapa, P. 17.

AIMER. Cipouymai, Bo. 393. Sirica, id. 394. Ciponimé, Bi. 399.

Les filles & les femmes aiment le criſtal bien clair & bien dur.

Ouali piritou taſſieri popé ciponimé, Bi., 211.
Femelle criſtal clair dur aimer.

ALLER. Niſan, Bi. 400.

Je vais.	Aou niſan, Bi. id. Ouſſa, P. 24.
J'ai été	Aou penaré niſan, Bi. 400. *moi autrefois aller.*
J'irai	Alié niſan. . . . Tantôt aller. Corópo niſan. . Demain marcher.
Je m'en vais.	Ao ceraba, *ou* ao niſſendo.

Lorſqu'ils prennent congé après leurs viſites.	Anolé oua, P. 30. Anolé ouſſa Ouſſa irounbo.	Je m'en vais.

Où vas-tu ? Oïa * Miſſan. *La conſonne* M. *marque la ſeconde perſonne.*

Vas-t'en. Itangue, Bo. 402. *ou* Itang'iroumbo, P. 28.

Vas par-là. Ouebo moſſa, *ou* ouebo moça, Bo. 430.

Vas-t'en de-là. Itangarua, Bo. 430.

Allons, partons. Cama *ou* caman, P. 28.

Allons prier Dieu. Caman xerouban Dioſſo, P. 27. *parler à Dieu.*

Il eſt allé derriere. Açouloutanotaca niton, P. 27.

Je n'y ai pas été. Anetaóuapa ïieïáiné, P. 30.

Il eſt allé chercher de l'eau. Tounaïé, P. 29.

Il eſt allé chercher du bois. Huéuéïé, id.

On voit combien les verbes Galibis ſont irréguliers. On s'attachera ſur-tout à rapporter des exemples où il y a des façons particulieres de s'exprimer.

Je vais à Ceperou par mer, Bi.

Ils pourroient dire ſimplement : Aou Ceperou parana niſan.

Ils diſent : Aou Ceperou *bo* parana *bo* niſan, Bi.

Bo. *à la fin des mots* Ceperou *&* parana, *ne ſignifie rien.* (*Voyez l'article des particules.*)

Aller par mer. Cama parana, Bo. 393.

ALLUMER du feu. Ouato bogué, Bo. 395. *faire*

ALTERÉ, je ſuis alteré. Acoumeli, Bo. 393. Nicoumeli, Bi. 402.

APPARTIENT. Abolemon, Bi. 403. Aporeman, Bo. 394.

Ce qui appartient à quelqu'un. Ouonapo, P. 27.

A qui eſt cela ? Anok ouonapo ? P. 28.

Ce pain appartient à mon pere. Méïou baba Abolemon. *pain pere appartient.*

Quand on leur prend quelque choſe, & qu'ils la redemandent, ils diſent. Aou érépali, *qui ſignifie,* c'eſt à moi, cela m'appartient, Bi. 403.

APPELLER quelqu'un. Icoumaque, Bo. 394. Icoumague, Bi. 403.

Comment t'appelles-tu ? Oté té amoré.

Comment s'appelle cela ? Etété mocé *ou* ini ?

APPORTER. Amenique, Bo. 394. Cenebi, id. Ameneque, Bi. 403.

J'apporte du pain. Meneïou ſé niſſan.
pain je viens.

As-tu apporté du pain ? Méïou meneboui amoré ?
pain venu toi.

J'apporterai du pain. Meïou ſénétagué.
pain je porterai.

Porte ce pain à la maiſon. Meïou ſoura *ta* alitangue.
pain maiſon dans va.

Ces exemples ſont de Biet, pages 403 *&* 404. *Après les avoir cités, il dit que l'on y peut remarquer l'irrégularité du verbe. On y remarque plutôt ſon peu de Méthode, puiſqu'il n'y a dans ces exemples aucuns mots Galibis qui expriment préciſément le verbe* apporter. *On doit cependant reſpecter les exemples en général ; ce ſont des façons particulieres de parler, qui ſont ſans doute uſitées parmi les Sauvages.*

Je veux acheter des lits de coton ? Aou icé cibegati acado amoré ? Bi. 393.

Je viendrai demain avec mon pere, je t'en apporterai beaucoup. Aou coropo noboui aconomé baba. Aou meneboui amoré tapouimé, id.

Apporte-moi des poules du cerf, des Ananas. Aou meneboui corotogo, couchari, Ananaïs.

Celui-là t'en apportera. Mocé meneboui amoré *ou* mocé cayé, id.

APPRENDRE.

Secáliſſa,	*J'apprends*,	Secáliti,	*J'ai appris*,
Mecáliſſa,	*Tu apprends*,	Mecáliti,	*Tu as apris*,
Necáliſſa.	*Il apprend.*	Necáliti.	*Il a appris.*

ARRÊTER. s'arrêter. Boucané, Bo. 394. Bi. 404.

ARRIVER, aborder. Natapoui, Bi. 405.

Il eſt arrivé un canot, un navire à Ceperou. Ceperou *bo* canoa, naviota natapoui.

ASSEOIR, s'aſſeoir, aſſis. Pòpeigné, Bo. 394.

Pepeigué, id. 426. Nopo, Bi. 404.

ASSOMMER. Sibogaye. 394. Chioué, Bi. 404.

J'ai aujourd'hui assommé un Cerf avec la massue. Couchari aou chioué Erague aconomé boutou.

ATTACHER. Apoica, Bo. 394. Yeímoï, P. 28. Chimigué, Bi. 415. Chimugué, id. 404.

J'ai attaché une épingle à ma chemise. Aou cacoussa chimigué camisa, Bi. 415.

Cette femme a attaché tout présentement une épingle. Ouali, erimé, cacoussa chimugué.

Les particules *cette*, *a*, *une*, ne sont pas exprimées ; c'est comme si l'on disoit, *Femme présentement épingle attacher.*

ATTENDRE. Técé.

Attendez à tantôt. Alié té cé, Bo. 394.

N'attends pas. Animomoképa, P. 28.

AVANCER, aller vîte. Cochi, Bo. 394. Ticané, Bi. 404.

Cet homme va très-vîte. Oquili ticané man. *Mâle courir fort.*

B.

BAIGNER, se laver. Opi, Bo. 395. Bi. 406.

Nous allons nous baigner dans la Mer. Opi parana nisan *ou* cama.

Se baiguer en quelque lieu. Opi boussaye, Bo. 395.

BAILLE, donne. Icco, Bo. 396.

BANDER, tendre. Anabíca, P. 30.

Ton arc ne bande pas. Anabícapa ouraba.

BLESSER. Nioui, P. 27.

BOIRE. Sineri, Bo. 396. Bo. 406. Ceneury, Bo, id.

Compere, j'ai soif, donne-moi à boire.

Banaré, aou nicoumeli, sineri iaré mé. *Compere, moi soif, boire donne.*

Donne à boire. Couabo *ou* Couaboco. *Ces*

mots sont vraisemblablement dérivés de Couï, *qui signifie* une tasse.

Je ne boirai pas. Aïaboúroupa, *ou* abouroú-pagon ouitaké, P. 29.

BOUILLIR. Nimocen, Bo. 396. Timoca, Bi. 407.

Femme, va faire bouillir le pot. Apouïtimé, tourona timoca itangue. *Femme, bouillir pot va.*

BOUCANER, faire rôtir. Cambossicouramé, Bo. 397. Cambomé, Camboné, Bi. 428.

BRISER. Natamboti, Bo. 397, Natambouti, Bi. 407.

BRULER. Niconroti, Bo. id. Chiqueriqué, Bi, id.

Qui n'est pas brûlé. Acopa, P. 29.

C.

CAQUETER. Orbana eteboque, Bo. 398.

CASSER, rompre. Natanbouty, Bo. id.

CHANGER. Ipetaquemé, Bo. 399.

CHANTER. Eremy, Bo. 399. Ilemy, id.

CHATOUILLER. Tetaguetinay, Bo. 399. Titagueriné, Bi. 408.

CHAUFFER, je chauffe le cul. Ansegouca, Bo. 403.

CHAUSSER. Cossouy, Bo. 399.

CHERCHER. Soubi, Bo. 399. Soupi, Bi. 408.

Cherche. Soupi, Bi, id.

Que cherchez-vous ? Étébogué amoré ? Bi. 408, *ou* esté amoré soubi, Bo. 399.

Va chercher. Amitangue, Bi. 416.

Va chercher du feu. Ouato amitangue, Bi. id.

CHEOIR, tomber. Nomayé, Bo. 400.

CHIER. Mecabourou, Bo. 400. Veïabourou, Bi. 408.

CHOYER, se choyer, prendre garde à soi. Maré, Bo. 400. Bi. 408. Nomoi, Bo. id.

CONSERVER. Nomoy, Bo. 402.

COUDRE. Satochey, Bo. 402.

COUPER. Cicoté, Bo. 402.

Couper (du pain) (de la toile). Chiqueté, Bi. 410.

Couper du bois. Vué vué cicoté, Bo. 402.

COURIR. Niffen té coffi, Bo. 402. Tegané, Coci, Bi. 410. *aller vîte.*

Mon fils court vîte. Tigami, Tegané coci.

COUROUCER. Tariqué, Bo. 402. Teriqué, Bi. 410.

COUVRIR. Samoui, Bi. 411.

Couvrir une maifon. Moignata famoui.

Le franc palmifte eft bon pour couvrir les maifons. Maripa iroupa moignata famoui, Bi. 423.

CRAINDRE, avoir peur. Tenarigué, Bo. 430. Bo. 402. Tenariquien, Tenariqué, Bi. 410. Tenarequien, Bo. 429.

CRIER. Nicotay, Bo. 402. Nicoté, Bi. 410.

CROIRE, on ne l'a pas cru. Amouicaparoma, P. 29.

CUEILLIR. Sipoti, Bo. 403. Cipoti, Bi. 411.

Va cueillir des acajoux aux arbres. Mouet cipoti vué vué.

CUIRE, faire cuire. Setapouri, Bo. 403. Sabouli, id. Sibouli, Bi. 411.

Cuire du poiffon. Oto icommaqué, Bo, id.

D.

DÉCÉDER, mourir. Nirombouy, Bo. 404. Iromboui, id. Niramboui, Bi. 412.

DÉCHARNER, décharné. Ipouma, Bo. 404. Ypuma, Bi. 420.

DÉGOUTTER, couler. Anicotá, P. 28.

La chandelle ne dégoutte pas. Cololéta anicotá pana, id.

DEMANDER. Ebequaqué, Bo. 404. Ebicagué, Bi. 412.

Je te demande du pain. Aou amoré meïou ebicagué.

Je te demande des François pour aller à la guerre tuer mes Ennemis.

Francici icé aou aconomé oualimé bogué itoto ſibogué. *François vouloir moi avec guerre faire Ennemis tuer.*

DEMEURER en quelque lieu. Piquanaique, Bo. 404. Nopo boucané ique, Bi. 412.
aſſis demeurer endroit.

DÉPÊCHER, ſe dépêcher. Irauéi, Bo. 404.

DÉROBER. Sapouy, Bo. 404. Monamé, Bi. 419. Nemoui, P. 6.

Qui a dérobé le couteau ? Anoc nemoui malia ? P

DÉTRUIRE. Acamaré, P. 22.

Ennemis qu'il faut perdre. Eïtoto acamaré, P. id.

Canari, caſſé, perdu, rompu, détruit. Touma acamare, P. id.

DEVISER, caqueter. Eorané, Bo. 404. Orana, Bi. 412.

DILIGENTER, aller vîte. Cochi, Bo. 394. Enochiquendo, Bo. 404. Coci, Bi. 413.

Va vîte chercher du feu. Ouato coci amitangue.

DINER. Erébali, Bo. 405.

DIRE. Taiqué mé, Bo. 405. Caiqué mé, id. Segaliti, id. Bi. 413.

M'ont dit. Sigariti aou, Bo. 427.

Dites-lui. Igalique.

Je dirai. Segalitagué.

Dis à ta femme qu'elle faſſe promptement mon lit.

Caiquémé amoré apouitimé coché aou acado *ſicouramay*, Bo. 405. *Dire ta femme vîte mon lit faire.*

Les Sauvages m'ont dit que tu étois malade.

Li Indian ſigariti aou amoré yetombé, Bo. 427.

DONNER. Epeman, Bo. 405. Yaré, Bi. 417.

Donne. Yéco, Bo.

Donne-moi. Amiaro, Bo, id. & P. 27.

Donne-moi du pain. Meïou ïaré, Bi.

Je t'ai donné du pain. Meïou Sebegadi.

Il m'a donné du pain. Meïou nemegadi.

Donne-lui du pain. Meïou ebegagué moc couat. Ce mot *couat* est une adjonction.

Mon compere, que me donnera-tu pour une fléche?

Banaré, esté bétté plioua.

Compere, combien en échange fléche.

DORMIR. Anagay, Bo. 405. Nanegué, Bi. 413. Temené, id.

Je dors. Aou nanegué *ou* temené, Bi.

J'ai dormi. Aou anoimbo nanegué, id.

moi saoul dormir.

Je veux dormir. Aou icé vetooübé, id.

Je n'avois pas dormi qu'il étoit jour.

Ouetou anicaboui pa ïemamoui, P. 30.

Sommeil dormi pas au point du jour.

E.

ECOUTER, écoute parler. Ouananceté, Bo. 405.

ECRIRE. Animero, P. 28.

J'écris. Simero, P. 28.

Tu écris. Mimero, id.

Il écrit. Nimero, id.

Je n'écris pas. Animero pa *ou* animero pa oua, id.

Tu ne l'écris pas? Animero pa man?

ELOIGNER, éloigné. Tissé, Bo. 404.

EMPORTER, emporte. Amoúncoron, P. 29.

ENFLÉ, gros. Poto, Bi. 415.

Ton pied est enflé. Toutácaï aboubourouman, P. 29.

J'ai la gorge enflée. Aou enaſſari poto, Bi, id.
moi gorge groſſe.

ENSEIGNER, dire, montrer. Segaliti, Bi. 414. Bo. 404.

ENTENDRE, ouir. Setey, Bo. 404. Cicouti, Bo. 405. Secouti, Bi. 414. Cigouti, id.

Entends, écoute. Setey amoré.
J'ai entendu, j'ai écouté. Aou Setay, Bi. 414.
Entends-tu ? Amoré cicouti ? Bo. 404.
Je ne t'entends pas. Anagoutipa, Bo, id. P. 27.
Tu n'entends pas ? Anatapa ? P. 27.
Je n'entends pas. Angoutipa, Bi. 414. add. Mſ.
Je n'entends pas, je ne ſçais pas. Toualopa, anagoutipa, P. 27.

ENVOYER, il envoye. Aboïócon, P. 28.

ENYVRER. Enerbeyet, Bo. 443. Enerbeyé, Bo. 404. Enerbé, id. Bi. 414.

Tu as beaucoup bû d'eau de vie, tu es yvre.
Amoré ſineri brandevin tapouimé, enerbé amoré.
toi boire eau de vie beaucoup, yvre toi.

ETONNER. Tenaréquien, Bo. 405.

F.

FACHER. Tariqué, Bo. 402. Teriqué, Bi. 410. Téleké, P. 6.

Jeſus eſt fâché contre les méchans.
Téleké Jeſus yaouamé boco.
méchans contre.

FAIRE. Seicapoui, Bo. 405. Bogué, id. 409. Chicaſſan, Bi. 415. Chicapoui, id.

Sicaſſa, je fais, P. 5. *Voyez* l'article des Verbes.
Je fais. Aou chicaſſan, Bi.
Tu fais. Amoré micaſſan, id.
J'ai fait. Aou chicapoui, id.
Je ferai. Aou chicatagué, id.
Fais un lit. Acado amicapouigué, id.

J'ai fait un lit. Ano imbo miri acado, id.

Va t'en faire du feu. Ouato opinpagué, id.

Va faire bouillir le pot. Touroua emoquatangué, id.

Je n'ai pas fait. Anicaboui pa oua, P. 30.

C'eſt fait. Abopotairo, id.

Qui n'eſt pas fait. Anicabouiporo, id.

Eſt-ce de ton fait. Anikérepo éné.

Ne fais pas cela. Ouadei, Bi. 415.

FAIRE des petits, en parlant des Oiſeaux. Animinga.

Les Oiſeaux n'ont pas fait leurs petits. Tolono animinga pa, P. 28.

FLECHER, percer à coups de fléches. Sibogaye, Bi. 399.

FOUETTER. Makouali, Bi. 416.

G.

GRAISSER, oindre. Quioquio, Mſ.

H.

HALER ou tirer contre mont. Apoigueré, Bo. 408. Apoiqueré, Bi. 417.

I.

Il ne s'eſt point trouvé de verbes pour cette lettre.

L.

LASSER. Acolopé, Bi. 420.

Je ſuis lâs. Yakentaï, P. 30.

LAVER. *Voyez* BAIGNER.

LIER. *Voyez* ATTACHER. Chimugai, Bi. 419.

M.

MANGER. Aminé, Bi. 420.
Je mange. Aou amina, Bi. id.
J'ai mangé. Aou aminé, id.
Je mangerai. Aou aminatagué, id.
Mange cela. Amoré amina ini, id.
J'ai mangé. Sónoui.
Tu as mangé. Mónoui.
Il a mangé, Nonoui. P. 5.
Nous mangerons. Xono, P. 27.
Qu'as-tu à manger? Anok'ioutiménan? P. 24.
Je ne mange pas. Anónopa, *ou* Anonopa oua, P. 27.
Je ne veux plus manger, je ſuis ſaoul. Aou aminé icépa, anoimbo, Bi. 420.
Donne-moi à manger. Aminé mé ïaré, id.
Apporte-moi à manger. Aminé ameneque, id.
Viens manger. Acné amoré amina.
Les racines de patates ſont bonnes à manger. Napi iroupa aminé.
Patates bonnes manger.
Je ne veux pas manger. Aouat aminé aou, Bo. 432.
non manger moi.

MARCHER. *Voyez* ALLER. Moſſa, Bo. 415.

MASSACRER. Cíouy, Bo. 416.

MENTIR. Tareſſinga, Bo. 416. Iquali, id. Bi. 421.
Tu ments. Tarſinga, Bi. id.
Pourquoi eſt-ce que les Indiens mentent? Otonomé Indian iquali?

METTRE, mets. Ique, Bi. 422.
Mets-là ce pain. Ique erebo meïou, Bi.
J'ai mis-là du pain. Aou meïou ſiri erebo, id.
Je mettrai-là du pain. Aou meïou ſiri enebo, id.
Mettez mon lit ailleurs. Amouco ïaro bati. P. 26.
ailleurs donne lit.

MOCQUER. Icay, Bo. 416. Icari, id.

MORDRE. Tigué, Bo. 416. Necabouti, Bi. 421.

Je mords. Aou necabosan.

Il m'a mordu. Necabouti aou.

Je te mordrai. Aou sacaboutigué.

Mordez-le. Nec aboé.

Les enfans mordent. Tigami necabouti.

MOURIR. Niramboui, Bi. 422. Nirounboui, P. 30.

Il mourra. Niroumboui alliré, *ou* aniouónin córo, P. id.

Il est mort. Aboïamé nómaï, *ou* niroúnboui, id.

N.

NAGER Ouatay mana, Bo. 424. Ouatayé mana, id. Ataiman, Bi. 422.

Les Indiens nagent bien dans un canot.

Calina ataiman ida canoa, Bi. id.

Indiens nager dans canot.

O.

OUBLIER. Oneiné, Bi. 410.

J'ai oublié mon couteau. Maria oneiné, id.

P.

PARLER. Caiké, Bo. 422. Cegaliti, id. Éoranaüé, id. 419.

Parle. * Anaqué, id. 422. * Ce mot signifie aussi, *de quoi.*

Parles-tu Indien ? Indiana caiké, *ou* Cegaliti amoré ?

Écoute parler. Ouranan cé té, id.

Parle à (celui-là.) Eroubaco (mocé.) P. 27.

PARTONS, allons. Cama, Bo. 420. Bi. 424.

PAYER.

Je vous payerai tous. Paporo aou ſibegatai, Bo. 417. *tous moi payerai.*

PÊCHER. Sepiné, Bi. 424.

Pêcher du poiſſon. Otô ſepiné, Bi. id. Otô bogué, Bo. 420. *Poiſſon faire.*

Pêcher à la ligne, à l'hameçon. Onque ſoubai, Bi. 417. *ligne chercher.*

PEINDRE, peinture. Timeré, Bo. 420. Bi. 424.

PETER. Piqua, Bi. 424.

Tu es vilain, tu as peté. Amoré iroupa oua, amoré piqua.

PEUR, avoir peur. Tenarequien, Bo. 420. Tenariqué, Bi. 424.

Le tonnerre me fait peur. Conomerou tenariqué.

PISSER. Cicou, Bo. 420, Chicou, Bi. 425.

Je veux piſſer. Aou icé chicou.

PIQUER. Necabouti, Bi. 420.

Il y a ici beaucoup de Maringouins, ils piquent.
Tapouimé Maque érebo Necabouti, Bi. id.
Beaucoup Maringouins ici piquer, mordre.

PLANTER. Planten, Bo. 422. Anibômoui, P. 30.

Planter du magnoc dans la terre. Quieray planten nona *ta.*

Je ne plante pas. Anibômoui pa, P. 30.

PLEURER. Toura, Bo. 421. Natamoué, Bi. 425.

Voyez, cet enfant pleure. Amoré ſené, mocé tigami natamoué.

PLEUVOIR, pluye. Aconabo, Bo. 421. Conopo, Bi. 425.

Il pleut beaucoup. Conopo tapouimé, Bi. id.

PORTER, ſe porter bien. Yetombé oua, Bi. 394. *malade non.*

PORTER un fardeau. Saré, Bi. 426.

Je porterai. Saretan *ou* Saretum, Bi. id.

Je porte du bois. Aou vuévué ſaré, id. *moi bois porter.*

Je porterai du bois. Vuévué ſaretan, id.

Porte ce bois. Vuévué aletangue, id.

J'irai demain à Ceperou, je porterai du bois.

Coropo Ceperou *bo* niſan, vuévué ſaretum, id.

PONDRE. Imombo, Bi. 423.

La poule a pondu. Corotopo imombo, id.

PRENDRE. Sapoui, Bo. 421. Bi. 426. Sapouai, Bo. 432.

Prends cela. Moncé apouiqué, Bo. 422.

Tiens, prends. Apoua, Bi. 430. Apouiké, Bo. 428.

Je n'ai pas pris. Anáboi pa, P. 29.

Il prit. Aboïámi, P. id.

Ne le prends pas. Aboipa cáco *ou* aboïátono.

Prends ce pain. Amoré meïou ſapoui, Bi. 426.

Va t'en prendre des oiſeaux. Itangué tounourou ſapouay, Bo. 432.

PRÊTER.

Prête-moi cela. Ameniqué bagué, Bo. 422.

PRIER, parler à ... Eolan *ou* Xerouban, P. 27.

Prier Dieu. Xerouban Dioſſo. Comme ſi l'on diſoit, *parler à Dieu*, P. id.

PUER, ſentir mauvais. Tigueré, Bi. 415. Teguerè, Bi. 404. Ticoré, Bo. 422.

Sentir bon. Teguerė oua, Bi. 430.
puer non.

Q.

Il ne s'eſt trouvé aucuns verbes pour cette lettre.

R.

RACOMMODER. Cicouramouy, Bo. 425.

RAMER. Ataiman, Bi. 426.

Je rame. Aou ataiman.

Je ramerai. Sataimatagué.

Rame donc. Ataimacq.

RASER. Tiagué, B. 422.
REFUSER. Icé pa, Bo. 424. Bi. 425.
vouloir pas.
REGARDER, voir. Ceney, Bo. 424. Sené, Bi. 427.
Je vois. Aou ſené.
J'ai vû. Aou penaré ſené.
Vois. Amoré ſené.
Viens voir. Acné amoré ſené.
RENVERSER. Nomoyaé, Bo. 424.
REPAITRE. *Voyez* MANGER. Amina, Bo. id.
REPOSER, dormir. Anaquay, Bo. id.
Se repoſer. Popeiqua, Bo. 424.
RETOURNER, revenir. Neramai, Bi. 427.
Je retourne à la maiſon. Aou neramai moigna *ta.*
Je ſuis revenu de Ceperou. Aou neramai penaré Ceperou *bo.*
Je reviendrai tantôt. Aou neramatagué alié, Bi. 427. *ou* Cochi naboui raba, Bo. 425.
Retourne t'en. Itangue, Bi.
RETOURNER, revirer. Soulingué, Bi. 427.
Retourner une tortue. Aïamori ſoulingué.
Retourne une tortue. Olincaïcaie aïamori.
Je retournerai cette nuit une tortue. Aou céoco ſouligatagué aïamori.
RIRE. Touané, Bi. 408.
ROMPRE, caſſer. Natamboti, Bo. 425. Natanbouti, Bi. 427.
Rompre une corde. Corona natanbouti, Bi.
J'ai rompu Sambouti.
Je romprai. Samboutagué.
Romps. Empoque.
ROTIR. Cambomé, Bo. 425. Campone, Bi. 428.
Je fais rôtir de la viande. Aou camboné iponombo, Bi.
J'ai fait rôtir. Aou camboné penaré, id.
Je ferai rôtir de la viande. Aou camboné feritan, id.

Fais rôtir. Camboné, id.

S.

SAIGNER. Sibogayé, Bo. 425.

SAOULER. Tuimbagué, Bi. 429.

Je veux ſaouler ce Sauvage. Moc Calina aou icé tuimbagué.

Je te ſaoulerai tantôt. Alié tuimbagué atagué. (Atagué) *marque, ſans doute, le tems futur.*

En avoir aſſez, être ſaoul. Aoïmbo, Bi. 429. Aouymbo, Bo. 425. Anoimbo, Bi. 430.

S'ARRÊTER, demeurer en quelque lieu. Boucané, Bo. 394, Bi. 412.

S'ASSEOIR. Popeigué, Bo. 426. Popeigné, id. 394.

SÇAVOIR. Orou, Bi. 430.

Je ne ſçais. Taina, Bo. 427. Tana, id. 413.

Je ne ſçais pas, *comme* je n'entends pas. Toualopa, P. 27. Anagoutipa, id.

SENTIR mauvais. Ticoré, Bo. 425. Tegueré, Bi. 430.

Sentir bon. Tegueré oua. id.

SERRER, preſſer. Apoiquecé, Bo. 426. Apoïca, Bi. 429.

SOMMEILLER. Vetoubogué, Bo. 426. Vetoubé, Bi. 429.

SORTIR. Moça, Bo. 430. Moſſa, Bi. 429.

Il eſt ſorti. Moc moſſa, Bi.

Sorti. Noſſa, Bo. 426.

Sors de-là. Tangarua, id.

T.

TENDRE, Bander. Anabica, P. 30.

Ton arc n'eſt pas bandé, ne bande point. Anabica pa ouraba, id.

TENIR, tiens, prends. Apoüiké, Bo. 428. Apoua, Bi. 430.

Tiens. Eudo, Bi. id. Ento, Bo. id. Aboíco. P. 28.

Tiens ce pain. Moc meïou eudo, Bi. id.

Tiens fort. Aboíco balipé. P. 28.

Se tenir de bout, droit. Aporé, Bo. 426. Poré, Bi. 430. Tabater, id.

TIRER. Chiqué, Bi. 431. Chequé, id.

Tirer une épine du pied. Aoura queli chequé pouparo, id.

Tirer un fusil. Arcaboſſa chimorigué, Bi. 431. *ou* chimorigai, id 404.

Tirer contre mont. Apoigueré, Bo. 408.

TOMBER. Nomoyaé, Bo. 424. Nomaye, Bo. 428. Nomé, Bi. 431.

TONNER. Conomerou, Bo. 428. Bi. 431.

Il tonne par ici. Conomerou enchiqué erbo, Bi. id.

TRAVAILLER. Manſinèmebogné, Bo. 430. Cicouramai, id.

TREMBLER de peur. Tigaminé tenarequien, Bo. 429. Tenariqué, Bi. 430.

Les Indiens tremblent quand on tire le canon.

Calina tenariqué etagué tirou chimarigué.

TREMBLER de froid. Ticominé, Bo. 395. Tigominé, Bi. 430.

Les Indiens tremblent de froid quand il pleut.

Calina tigominé conopo etagué.

TROQUER. Ipetaquemé, Bo. 429. & 399.

TROUVER. Mebori, Bo. 429. Meboti, Bi. 431. Seboli, id. 418.

J'ai trouvé le chemin. Oma meboti, Bi. Mebori, Bo.

Cette Indienne a trouvé un Jardin.

Moc ouali Calina moignata Seboli, Bi. 418.

Juſqu'à ce que j'en aye trouvé un autre.

Amoucoúnoba ſeboricao *ou* ſeporicao, P. 29.

TUER. Ciouy, Bo. 429. Chioé, Bi. 431.

Tuer les ennemis. Itoto ſibogué, Bo. 410.

V.

VA par-là. Ouebo moça, Bo. 430. Oïa moila, Bi. 431.

Va-t'en. Itangue, Bi. id.

Va-t'en de-là. Irangarua, Bo. 430 *ou* Enombo Itangue, Bi, 431.

Va-t'en prendre des oiſeaux. Itangué amoré tounourou ſapoué, Bo. 430.

VENDRE. Betemé, Bo. 430. Ebegacé, id. Sebegacé, Bi. 431.

Veux-tu vendre un lit? Amoré icé Sebegacé Acado.

Combien veux-tu vendre cela? Eté Betemé moncé, Bo. 431. *combien en échange cela.*

VENIR. Seneboui, Bi. 431.

Je ſuis venu . . . Oboui, P. 5.
Tu es venu . . . Moboui, id.
Il eſt venu . . . Noboui, id.
Viens . . . . Acné, Bo. 431.

Je ſuis venu à Ceperou. Aou Seneboui Ceperoubo, Bi. 431.

Venu. Noboui, Bi. & Bo. 430.

Viens tout à l'heure. Acné eremé *ou* yaaliétecé, Bo. 431.

Viens-ça. Acné ſé, acné do, Bi. 432 *ou* Yaré guenecé, Bo. 431.

Lorſque quelqu'un arrive, leur ſalut eſt de dire. Moboui? tu es venu? *comme ſi nous diſions en François*, te voilà! *La réponſe* eſt, téré, oboui, oui, je ſuis venu, *ou ſimplement* teré, oui.

A la fin de la viſite quand ils prennent congé.

Ouſſa iroumbo, *ou ſimplement* Ouſſa, je m'en vais. *Quelques-uns diſent*, ſalua *ou* ſarua. A Dieu, je te ſalue. *D'autres ſous-entendent* je m'en vais, *&* *diſent* auto bona, à la maiſon, P. 24.

Viens, *quand on appelle quelqu'un de loin.* Acconé, P. 28.

VERSER de larmes. Toura, Bo. 430.

Je ne verſe pas. Anicomapa oua, P. 29.

VOIR. Cenes *ou* cenei, Bo. 431, ſené, Bi. 431.

Je vois . . .	Aou ſené, Bi.
J'ai vu . . .	Aou ſenem, id.
Je verrai . . .	Aou ſenetagué, id.

Que je voie. Sené, P. 28 *ou* amou ſenéica. (amou) *ſignifie* (autre)

On ne voit point de * ſapajou en France. Acaliman ſené oua Francipalibo, Bi. 429.

* *Eſpece de ſinge.*

VOLER (dans les airs) Telené, Bi. 418.

Cet oiſeau vole haut. Moc tolono telené nucé.

VOULOIR. Icé, Bo. 431. Bi. 432.

Je voudrois	Icé aouran, Bo. 410.
Je le veux bien . .	Icé man.

Que veux-tu? Oté molo, P. 27. Quoi, toi. *Ils ſuppriment le verbe* veux, *& la premiere lettre* d'amolo. Toi, tu, *ſans doute pour éviter l'*hiatus:

Que veux-tu pour cela? Oté betemé, Bo. 424. *Combien en échange.*

URINER. Sicombogué, Bo. 431.

DES ANIMAUX.

ANIMAUX de terre. Ippeté Nonembo, P. 18.
CORNE. Immeritipo, P. 26.
MUSEAU d'un animal. Ipotelé, P. 10.
ANE. Maſſo, P. 18.
——— Animal amphibie. Tapir, Barr. 160.
Animal qui ſent le muſc. Tatou kabaſſou, Barr. 163.
Autre eſpece d'animal. Cojumero, Laet. 664.

BELETTE. (*groſſe*) Tayra, Barr. 155.
BŒUF. * Paca, Bi. 432.
* *Mot Eſpagnol.*
BREBIS. (*eſpece de*) Baremo, Laet. 643. Calinerou, P. 18.

CERF. Ouſſali, P. 18. Couchari, Bi. 409.
CHAT. Mecho, P. 18.
Chat-Tigre. Malacaya, Barr. 153.
CHAUVE-SOURIS. Neré, Bo. 399. Leré, Barr. 148.
CHEVAL, Cavalle. Cabaio, P. 18.
Cheval marin. Mayapoli, Bi. 347.
CHIEN. Pero *ou* Soſſo, P. 18, Laet. 643.
Chien (*eſpece de*) Caicouci, Bi. 408.
COCHON du pays. Poinco, P.
Cochon de France. Bouiroúcou, P. 18.
Cochon, *ou eſpece* de Vache, *animal amphibie.* Maypouri, Barr. 160 & 150. Laet. 643. Maipuries, id.

Cochon *très-gros, qui se tient dans les marais.* Cabiai, Barr. 161. *Même espece.* Animal amphibie. Cabionara, id.

Cochon. (*espece de*) Patira, Barr. 161.

CRAPAUD. Paralou, Bi. 410.

ECUREUIL. Xipourou., P. 18.

GENISSE. Vacca, P. 18.

LAPIN. (*espece de*) Acouli, P. 19. Acoulitocon, id. Acouti, Bo. 393. Acouri, Laet 643. Agouty, Akouchy, id.

LIÉVRE. (*espece de*) Oulana, B. 19. Ourana, Barr. 153.

MAKAQUE blanc, *Singe.* Kayourouré, Barr 150.

MANGEUR de fourmis. Ouariri, Barr. 162.

Petit mangeur de fourmis. Ouatiriouarou, Barr. 163.

PARESSEUX. Ouikaré, Bar. 154.

Pareſſeux (*le*) Varicarii, Laet. 643.

PORC-ÉPIC. Couandou, Barr. 153.

POURCEAU. Poinga, Bi. 409.

RAT. Touli, P. 18.

Rat des Paleturiers. Mombo, Barr. 155, Bi. 410.

RENARD. Quachy, Barr. 168.

Renard puant. Aouaré, Barr. 166.

Renard ou eſpece de Lapin. Pac, Bi, 340. Pak. Barr. 153.

SANGLIER du pays. Poinga, Bi. 409. Poinco, P.

——— de la grande eſpece. Pingo *ou* Panigo, Laet. 643.

——— de la petite espece. Pockiero, L...
——— qui n'a point de lard. Abihera, Laet. 643.

SAPAJOU, *espece de Singe.* Acaliman, Bi. 429. Akarima, Barr. 151.

SINGE blanc. Makaque, Barr. 149.

Singe rouge. Alaouata, Barr. 151.

Singe. (*espece de*) Quouato, Barr. 150. *Autre espece.* Sagoin, Barr. 151.

TAMARIN, *espece de petit Singe.* Couairi, Bi. 430. Couciri, Bo. 428.

TATOU, *espece de gibier.* Capacou, Bo. 430.

TAUREAU. Vacca ouqueli, P. 18.

TIGRE. Aroua, Laet. 642. Caycouchy, P. 18.

——— *Oiseau de la plus petite espece; sa gorge ressemble à une émeraude.* Colibris, Bi. 344.

——— *Petit Oiseau dont le bec est grand & monstrueux.* Covaca, Laet. 644.

——— *Oiseau de rapine.* Kamichy, Barr. 124.

——— *Petit Oiseau de Savane.* Itinara, Barr. 130.

——— *Oiseau de Savane.* Tangla, Barr. 138.

——— *Très-petit Oiseau, délicat & de peu de substance.* Tonorissimi, Ms. 390.

BEC A CIZEAU *ou* Coupeur d'eau. Taya taya.

GANARD sauvage. Opano, Barr. 125.

CERRAS bleu. Kararaoua, Barr. 145.

CHARPENTIER, *espece de Pivert.* Ventou, Barr. 143.

CHAT-HUANT. Ouroucourea, Barr. 148.

CORMORAND. Ouaperou, Barr. 129.
CRABRIER, *Oiseau.* Sacuarou, Bi. 411.
CUL JAUNE. Yapou, Barr. 141.

FAISAN. Malassi, P. 18.
Faisan *des Amazones*, de *Para*, de *Cayenne.* Hocco, Barr. 139. *Autre espece*, Paraka, Barr. 140. *Autre espece*, Pica, Barr. id.
FAUCON, *Oiseau de proie.* Pagani, Barr. 130.
FLAMAND, *Oiseau.* Tococa, Barr. 140.

GRIVE (*espece de*) Berari, Barr. 148.
GROS-BEC. Toucan, Bi 334. Toukan, Barr. 141.
GRUE, *Oiseau vorace.* Thouyouyou, Barr. 133.

HERON. Ouakaré, Laet. 643. Onouré, Barr. 148.
HIBOU, *Chat-huant.* Haleur, Barr. 148.
HIRONDELLE. Thouarou, Barr. 134.

MANGEUR de crabes (*espece de*) Saouacou, Barr. 128.

ORFRAYE, *Oiseau de rapine.* Coporal, Barr. 148.
OYE *ou* CANARD. Rapouné, *ou* Rapone, Laet. 644.

PERDRIX (*grosse*) Tinamou, Barr. 139.
Perdrix *ou* bon poulet d'Inde. Inamon, Bo. 132. Bi. 425.
PERROQUET. Courga, Laet. 642. *Autre espece*, Crik.
Perroquet *de la plus grosse espece.* Aouarou, Barr. 133.
Perroquet (*espece de*) Tauha, Barr. 144.
PIAILLEUR, *espéce de Corbeau.* Perroquet violet. Kiankia, Barr. 144 & 129.

POULE, *volaille.* Corocotogo, Bi. 425. P. 18.
Poule d'Inde. Oco, Bi. 425. Occo P.
Poule d'eau. (*grosse*) Kotacca, Barr. 132.
Poule (*espece de*) Agamy, Barr. 132.

RAMIER. Occocoa, P. 18.
Ramier gris. Ourouquona, Barr. 137. Pakau, id.

SARCELLE (*grosse*) Kauiriri, Barr. 146.
Sarcelle (*petite*) Soukourourou, Barr. 146.
TIERCELET. Huéreico, P. 18.

POISSON. Oto, Bi. 425. Ouatto, P. 18. Apua, Laet. 644.
Poisson d'eau douce. Aarcoussari, Lab. 390.
AIGUILLE (*Poisson.*) Simancou, Barr. 169.
ALOSE, *espece de grande Alose qui ne se trouve que dans les Rivieres.* Aymaré, Laet. 644.
ANON *d'étang.* Kouxeury, Barr. 171.
Anon de fleuve. Patagai, Barr. 170.
——— *Espèce de petit poisson.* Parapra, Barr. 170.
——— *Poisson sans écailles.* Cavimo, Laet. 644.
——— *Espece de Poisson.* Croupy, Barr. 180. Ayaya, Barr. 170. Araovaova, Laet. 644. Chipari.
——— *Espece de petit Poisson.* Cassoorwan, Laet. 644.

CANCER, *Crabe.* Coua, Laet. 643.
CHANCRE. Ragabeumba, Barr. 105. Xirica id. 184.
CHEVREUIL. Apalika, Bar. 172.
CRABES. Coussa, P. 9.

DEMOISELLE. Panabana, Barr. 182.

GRIVE *de Fleuve*. Paya, Barr. 180.
GROS-VENTRE. Kamayacou, Barr. 176.
GROS-YEUX. Kouttai, Barr. 173.

LAMENTIN. Cayoumorou, Bi. 419.

MALLET. Paſſany, Barr. 175.
MULET (*poiſſon.*) Couéreman, Bi. 422. Makouma, Barr. 175.

RAYE. Sibari, P. 18.
Raye (*eſpece de*) Pakame, Laet. 644. Yaveboayre, id.
VOLANT, *Poiſſon volant*. Karangue, Barr. 173.

COULEUVRE, *Serpent*. Occoïou, Bo. 429. Bi. 410.
CROCODILE. Accalé, P. 18. Accaleou, P. 18. Akaré, Bo. 152. Cayman.
——— *Eſpece de Crocodile plus allongée, à muſeau plus court & plus obtus.* Accaré Laet. 644.
——— *Eſpece plus petite que l'autre.* Ouranna, Laet. 644.

GRENOUILLE bleue. Cimicimy, Barr. 156.

LEZARD. Ayamara, Bi. 419.
Lézard domeſtique. Anouſy, Barr. 155.
Lézard (*petit*) Karaoua, Barr. 155.
Lézard des Bois. *Il ſe mange.* Ayamaka, Barr. 154. Pagara, id.

SERPENT. Araouai, Barr. 159. Occoïou, Bi. 410.
Serpent monſtrueux. Ikirjou, Barr. 158.

TORTUE. Aracaca.

Tortue *de terre*. Ayamon, Bi. 430, Bo. 428. Aycamon. Parapra, Barr. 165.

Tortue *de mer*. Agapolé, Bi. 430. Catardu.

Tortue *monstrueuse*. Kaouau, Barr. 363.

Grosse Tortue *de mer*. Ouyamourq. Barr. 163.

Tortue (*grosse*) Caouanne, Bi. 248.

Tortue de terre, *de la petite espece*. Enaarakaka, Barr. 166.

Tortue, *dont l'écaille sert à faire de beaux ouvrages*. Caret, Bi. 348.

Tortue. (*petite*) Arairaca, Bi. 430.

CHIQUES. Chico, P. 19. Xique, Barr. 203.

FOURMIS. Huinco, P. 19. Tarougougi, Barr. 199. Tarougoua, id.

Fourmis volantes. Fourmis gros-cul, Koumaka, Barr. 198.

Fourmis, *appellés par les François*, Fourmis Flamandes. Cananajou, Lab. 363.

Fourmis *de la plus petite espece*. Aouatou, Barr. 199.

CIGALE. Liou-liou, Barr. 199.

COUSIN. Maque, Bi. 420. Maco, P. 19. Mak. Bar 194. Maringoüin, id. 195.

CRABE. Lemousemou, Barr. 205.

MOUCHE à miel. Ouano, Barr. 190.

MOUSTICHE, Moustiques. Mapiri, P. 19.

POU. Tique, Barr. 204.

Pou d'agouti. Omoüi, Bi. 425.

SCORPION. *Constellation*, Sibiriri.

DES

DES PLANTES, dont les noms Galibis ſont connus.

A.

Nª. *Les mots tirés de la Maiſon ruſtique de Cayenne, ſeront déſignés par ces lettres* M. R.

ACAJOU, *fruit.* Moué, Bi. 399.

ACASSIER. *Plante.* Soſſopero, Barr. 62.

ANANAS. Nana, Bi. 403. Yayaoua, M. R.

ARBRE. (*en général*) Vué vué.

Arbre, *dont les noyaux du fruit ornent les jarretieres des Sauvages.* Ahouai, Barr. Rel. 195 & 196.

——— *Dont le ſuc des feuilles eſt bon contre les maux de tête.* Icari, Laet. 645.

——— *Sur les feuilles duquel on écrit.* Oulemari, Barr. 187.

——— *Dont les feuilles brûlées noirciſſent la réſine du Sipo.* Maracoupi, Barr. Rel. 198.

——— *excellent pour la charpente.* Ouapa, Barr. 84.

——— *Dont l'écorce eſt bonne contre la diſſenterie.* Xourouquouy, Barr. 105.

ARBRES. Gagou, M. R.
Gaigamadou, M. R.
Coupaya, M. R.
Courbaril, Barr. 43.
Aarcouſſari, Lab. 390.
Coupy, M. R.
Karapa, Barr. 27, 198 & 199.

Ouacapou, M. R.
Ouapa, M. R.
Oulemari, Barr. 84.
Ouaye, Ouyaye, M. R.
Patagai, Barr. 92.
Grignon, Barr. 56 & M. R.
Sipanaou, M. R.
Tariri, Barr. 106.
Saouari, Barr. 101.
Patoumou, Barr. 13.
Touka, Barr. *Voyez* B.
Panococco, (*le gros*) M. R.

B.

BALISIER. Baroulou, Barr. 30.
BANANIER. Hipo, Mſ.
BANANES, *fruit*. Palatana, Bi. 407.
Bananes *groſſes*. Balatanna.
Petites Bananes. Baloulaoa. Baccoúcou, M. R.
BLED d'Inde, *Millet*. Aouaſſi, Bi. 421, Bo. 396. & 416.
BOIS à enyvrer le poiſſon. Conamy, Barr. 158.
Eſpece d'eupatoire. Sinapou, id 19.
Eſpece d'aſtragale. Inekou, Barr. 24, Bi. 407.
Bois incorruptible, *propre à faire des fourches*. Tapanapiou, Lab. 372.
Bois de lettre. Païra, Bi. 406. Pira timineré, Laet. 645. Baïra, M. R.
Bois à canon. Ambayba, Barr. 110. & 94.
Bois de feu, *ou qui étant frotté allume du feu*. Cuato, vhebé, huéhué, Barr. 179.
Bois à Gaulettes. Couboulíroua, M. R.
Bois mouſſé. Moulché, M. R.

Bois puant. Yacalou, M. R.

Bois rouge. Ananacou. Cabueriba.

BOISSON *faite avec de la patate.* Mabi, Bi. 334.

BOULET de canon (*bois*) Kouroupitoutoumou, Barr. 92.

C.

CABOSSE, nom François, *qui signifie l'envelope des grains ou du fruit de Rocou.* Caboche, Barr. 98.

CALEBASSE *peinte de diverses couleurs.* Maraka, Barr. Rel. 209.

CANNE-CONGO. Siriourou.

Canne à sucre. Anassicourou, P. 19, Bo. 397.

CASSE (*espece de*) Ipoca, Barr. 34. *Autre espece*, id. Arayarané, Barr. 34.

CERISIER, *Canelé.* Achyoulou, Ibipitanga, M. R.

Cerisier (*espece de*) Kouratari, Barr. 71. *Autre espece*, id. Xourouquouy, Barr. 72.

CHOUX. Taïa, Bi. 408.

Chou *palmiste.* Voyez PALMISTE.

CITRON. Yapoulé, Bi. 409. Assapué, Bo. 400.

CŒUR de Roche, *arbre.* Couipo, M. R.

CONCOMBRE. Coroa, Barr. 44, M. R.

COTTON. Maourou, Bi. 420.

E.

ENCENS, *arbre d'encens.* Sipo, Barr. 107 & 198.

F.

FARINE de Magnoc. Couack, M. R.

FIGUIER. Coumacaï, *chez les Portugais du Para*, M. R.

Figuier ſauvage. Pougouli, Barr. 169.

FLECHES (eſpece de) *faites avec la tige d'une eſpece de roſeau.* Poſſirou, Barr. 169.

G.

GRAINE piquante. Saouari, Mſ.

Autre eſpece de graine. Rekicinni, Barr. 101.

H.

HERBE du bon Dieu. Herbe du diable. Errhoudé, Barr. 75.

Herbe, *dont le ſuc eſt bon contre les fléches empoïſonnées.* Uppée, Laet. 645.

L.

LATANIER, eſpece de Palmier. Bache, Barr. 90 & 133.

LIANE franche. Kereré, Barr. 24.

Liane, *dont les feuilles ſervent pour teindre en cramoiſi.* Caraerou, Cariarou, Kariouarou, M. R.

Liane groſſe & épineuſe. Oucle, M. R.

Liane à eau. Akatate, Barr. 15.

Liane. Panaccoco, (*petit*) M. R.

Parecoutay, Barr. 84.

LIEGE du pays. Montouchy, M. R.

LIS rouge. Konopocinar, Barr. 68.

LISERON (*eſpece de*) Kariarou, Barr. 39.

La fécule eſt auſſi rouge que le vermillon.

LUZERNE (*eſpece de*) Karara-Aouabo, Barr. 77.

M.

MAGNOC, *plante.* Manihoc, Barr. 74.
MAPAS. Mapa, Amapa *ou* Para, M. R.
MONT-JOLY, Barr. 29.

P.

PALETUVIER *ou* paretuvier. Apariou, Barr. 74.
PALMIER. Ahouai, Barr. 86. & Rel. 138.
Conana, Barr. 88.
Arrouma, Barr. 80.
Aouara, Barr. 87.
Palipou, Barr. 89.
Pataoua, Barr. 88.
Caumoun, Barr. 198.
Maripa, Barr. 88. 90.
Macapa, Barr. 89.
Mocoya, Barr. 89.
Mourou-mourou, Barr. 89.
Moutouxy, Barr. 86.
Turoubouli, Barr. 89:
Zaguenete, Barr. 86.
Patiouli, Barr. 90.
Palipou, Barr. 88.
PALMISTE *franc.* Maripa, Bi. 423.
Palmiſte (*eſpece de chou*) *qui vient en quantité dans les lieux marécageux, vers l'embouchure d'Orenok.* Sagou, Barr. 149.
Palmiſte *épineux.* Ouara, Bi. 423. Conana, M. R.
PATATE, *racine.* Napi, Bo. 422, Bi 424. Mabi, M. R.
PETUN. Tamoui, Bi. 426.
PIED de Veau (*eſpece de*) *qui tient lieu de Liége.*

Moucou-moucou, Barr. 160 & 79. Moucou, Barr. 18.

PIMENT, *poivre du Bresil*. Pomi, Bi. 424.

PINEAU, *Palmier*. Ouassi, Barr. Rel. 142 & 88.

PITE, *espece d'Ananas*. Cabuyo, Coulao; M. R.

Pite (*aloé*) Coula oua (*le chanvre du pays*)

PLANTE, *dont le fruit est en grappe, & le grain bon contre la dissenterie*. Kelleté, Laet. 645.

Plante, *dont la tige sert à faire des tamis*. Arrouma, Barr. Rel. 107.

Plante *résineuse*. Mani, Barr. 76. Many, id. 153.

Autres plantes, Conami, Barr. Rel. 158.
Patoumou, Barr. 13.
Parecoutay, Barr. 84.
Mourei, Barr. 71.
Siriorou.
Ouangue. Ouanglé.
Maricoupy, M. R.
Karoulou.
Mahou-Mahou, Barr. 70.

POMMES *de raquettes*. Batta, M. R.

POIS *à manger*. Coumata, Bi. 425.

Pois sauvages, *gros pois à gratter*. Apitabo, Barr. 94.

Pois d'Angola *ou* de Congo. Bipicaa. Barr. 47.

Pois *de Kourou*. Koumata, Barr. 93.

POIVRE *des Negres*. Amœcé, Barr. 109.

POTIRON. (*espece de*) Mouloutoucoa, *par les hommes*. Commori, *par les femmes*, M. R.

POURPIER. Saçou, Bi. 425.

PRUNES (*espece de*) Mombin, Bi 337.

Prunes *des Anses.* * Icaque. * *Ce mot n'est pas en usage à Cayenne.*

Q

QUEUE *de Biche de Savane.* Yappé. Jacapé.

R.

ROCOU. Annoto. Coutsauwe. Laet. 641.
ROSEAU. Coumaraoua, Bi. 416.
——— *A faire des paniers.* Ticasket *ou* Ticasquet, M. R.
——— *A faire des flèches.* Bouleoua, M. R.
——— *A flèches.* Kourou-mari, Barr. 19.
——— (*espece de*) Bambou, Barr. 18.

S.

SALICAIRE, (*espece de*) Rekicinni, Barr. 101.
SAPOTILIER. Manitambour, Barr. 101.
SESAME, *plante.* Ouangle, Barr. 48.
SIMAROUBA, *racine contre la dissenterie.* Simarouba, Barr. Rel. 204. Eff. 50.
SUCRE. Carou *ou* Siccarou, Bo. 427, Bi. 430.
SUIF, *arbre de suif.* Ouarourouchi, M. R.

T.

TABAC. Tamoui. Bi. 426.
TAYOVE, *plante.* Moussa, Mf.
TÊTE de roseau, *qui sert à couvrir les maisons.* Tourlouri, Lab. 372.

TIGE *épinense*. Moucoumourou, Barr. Rel. 19.

TITHIMALE. Ookebeté, Barr. 110.

V.

VANILLE (*grosse*). Karé-Kerou. Barr. 111.

DICTIONNAIRE

GALIBI FRANÇOIS.

A

AARCOUSSARI. *Nom d'un arbre & d'un petit poisson*. Lab. 390.

ABAIAMI. *Il prit*, P. 29.

ABIHERA. *Espece de Sanglier qui n'a point de lard*, Laet. 643.

ABOIATONA, Aboïatono. *Ceux qui prennent*. P. 29.

ABOICO. *Tiens, de tenir*, P. 28.

ABOIPA CACO. *Ne le prends pas*, P. 29.

ABOIPANIGNE. *Ne le prends pas*, P. 29.

ABOITOPO. *La poignée avec laquelle on prend. Le lien avec lequel on attache*, Bi. 1.

ABOLEMON. *Appartenir, appartient, est à*, Bi. 403.

ABOIRIKÉ. *Blanc*, P. 23.

ABOPONÉ. *Terme qu'on ajoûte devant les quatre premiers nombres* 1, 2, 3, 4.

ABOPOTAIRO. *C'est fait*, P. 20.

ABOUBOUTOU. *Pied*, P. 28. Abouboutou boco itango. *Fait le chemin de ton pied, va à pied.* Toutacai abouboutouman. *Ton pied est enflé.* Man, à la fin d'un mot, signifie, *fort, très.*

ABOUCOUITA. *Aviron*, Bi. 1.

ABOUMÉ NOMAI. *Il est mort*, P. 30.

ABOUROUPAGON OUITAKE'. *Je ne boirai pas*, P. 29.

ABOIOCON. *Il envoye*. P. 28.
ABUTA. *Espece de liane*, Barr. 1.
ACACIA. *Arbrisseau épineux*, M. R.
ACADO. *Lit*, Bi. 405, *id.* 15. *Hamac*, *Lit de coton*, Bi. 405.
ACALIMAN, *Sapajou*, *espece de Singe*.
ACAMARÉ. *Détruire*, *perdre*, *rompre*, *briser*, P. 22.
ACAPO. *Ame de l'Homme*, P. 25.
ACCALÉ, Accaleou. *Crocodiles*, P. 18.
ACCARÉ. *Espece de Crocodile*, *à museau plus court & plus obtus* Laet. 644.
ACCOLÉOU. *Fiévre*, P. 22.
ACCONO, Accononto. *Compagnons*, P. 26.
ACONOMBORO. *Le reste*, P. 27.
ACCONOMÉ. *De compagnie*.
ACCOULI, Acoulítocou, Acouti. *Espece de Lapin*, P. 19, Bo. 393.
ACCOUMOUROU. *Beaucoup*, P. 8.
ACHYOULOU. *Cérisier canelé*, M. R.
ACNÉ. *Viens*. Acné sé, acné do. *Viens ça*.
Où l'on voit qu'on répéte deux fois le même mot, pour marquer l'impatience, & on ajoûte à chacun ou *sé*, ou *do*, qui sont deux particules.
ACO, Acombo. *Escume*, Bi. 1.
ACOIOU, Occöiou. *Serpent*, *Couleuvre*, Bi. 429.
ACOPA. *Non brûlé*, P. 29.
ACOLOPÉ. *Lasser*, *las*, *fatigué*, Bi. 420. Yakintay, *Je suis las*, P. 30.
ACOLOPO. *Demain*, P. 7.
ACOMBO OUTAPO. *Ecume de ce qui bout*, P. 27.
ACONOMBORO. *Le reste*, P. 27.
ACONOMÉ. *Avec*, Bi. 405.
ACOROPO. *Demain*, Bó. 404.
ACOSSIMBO, Aconomboro. *Le reste*, P. 27.
ACOULOUTANOTACA NITON. *Il est assez derriere*, P. 27. Niton *vient de* Nissan, *aller*.

ACOUMELI. *Alteré*, Bo. 393.

ACOUMOUICAÉ HUEIOU. *Le Soleil est si chaud, qu'il met hors d'haleine les personnes*, P. 29.

ACOURABAMÉ, Bo. 423. Ouirabama. *Quatre*, Bi. 426.

ACOURI. *Lapin*, Laet. 643.

ACOUROU. *Vaze, bourbe, fange*, Bi. 407. *haut de la riviere d'Oyapock*, Barr. 216.

ACOUSSA, Bi. 417. Alloflérou. *Epingle*, P. 20.

ACOUTAIABÉNE. *Lancette de Sauvages*, P. 20.

ADALY. *Soleil*, Laet. 642.

AGAMY. *Espece de poule*, Barr. 132.

AGAPOLÉ. *Tortue de mer*, Bi. 430.

AGOUTY. *Lapin*, Barr. 153.

AGUEBUTE. *Rame, aviron*, Laet. 643.

AHOUAI. *Arbre dont le noyau du fruit leur font des jarretieres*, Barr. Rel. 195. Ef. 5. *Il est avant dans les terres*, id. 196.

Ahouai, *Palmier dont les feuilles servent à doubler l'entre-deux de leurs pagaras*, Barr. 138. *Couvrent les* Koubouya, id. 142.

Ahouai, *Palmier*, Barr. 86.

AHUINIQUE nonná. *Un mois*, Bo. 417.

AIABO. *Ton siége*, P. 19.

AIAMON, Bi. 430. Aycamon, Bo. 428. *Tortue de terre.*

AIABOUROUPA. *Je ne boirai pas*, P. 29.

AIAMARA. *Lézard*, Bi. 419.

AIAMONKÉ. *Vilain, chiche*, P. 25.

AIAMORI. *Tortue*, Bi 427.

AJOUPA. *Carbet léger, que dans un besoin l'on bâtit sur le champ*, Lab. 402.

AIRETÉ. *Dans peu de tems*, P. 8.

AKARÉ, *Crocodile*, Bo. 152.

AKARIMA, *Sapajou. Espece de Singe*, Barr. 151.

AKATATE. *Liane à eau*, Barr. 18.

AKIMATO. *Ici*, P. 8.

AKOUCHY. *Lapin*, Barr. 153.

ALAOUATA. *Singe rouge*, Barr. 151.

ALIÉ ALIÉE. *A tantôt*, Bi. 430.

ALIETÉ. *Vitement*, Bo. 432.

Alié té cé. *Attens à tantôt.*

ALLIRE. *Dans peu de tems*, P. 8.

Allirété. *Dans peu de tems*, P. 9.

ALLOFLÉROU. *Epingles*, P. 20.

ALITANGUE. *Porte, de porter*, Bi. 404.

AMANTA. *Épaule*, Bo. 405.

AMATI. *Panier à mettre des fléches*, Bi. 423.

AMBAYBA. *Bois à canon*, ou *Bois canon*, Barr. 10.

AMECOU, Apori. *Main*, Bi. 414. Bo. 415.

AMEMBÉ, Amonbé. *Vilain*, *chiche*, *avaricieux*, Bi. 432. Bo. 394.

AMENEQUE, Bi. 403. Amenique. Bo. 340. *Apporter.*

Meïou se nissan, *J'apporte du pain.*

Meïou meneboui amoré ? *As-tu apporté du pain ?*

Severraitagué, *J'apporterai.*

Soura *ta* alitangue, *Porte à la maison.* Bi. 404.

Banaré meïou ameneque.

Compere, apporte-moi du pain.

AMIARO. *Donne-moi*, P. 27.

AMIGNAO. *Voyez* HYOROKAN.

AMINÉ. *Manger.* Bi. 420.

Amina. . . . *Je mange.*

Aminé. . . . *J'ai mangé.*

Aminatagué. *Je mangerai.*

Amina. . . . *Mange*

AMITAN, Amitangue. *Querir*, *chercher*, Bi. 406. 416.

AMITANGUÉ. *Querir*, Bi. 416.

AMŒCE. *Poivre des Negres*, Barr. 109.

AMO. *Doigt*, Bo. 405.

AMOA. *Ancien*, (*autre.*) Bo. 394.

AMOIGNA. *Maison*, Bi. 420.

AMOUTÉ CATOUBÉRONAN? *Est ce un autre?* P. 30.

Amou, *Autre.* Té, *Particule.* Nan, *Particule d'interrogation.*

AMOLO. *Tu, toi*, P. 6. Anók'amolo, *Qui es-tu? Qui toi?* P. 28. *Le verbe* es *est supprimé.* Oté mólo? *Que veux-tu? Quoi, toi? en supprimant* veux *& la premiere lettre d'*Amolo.

AMOMBÉ, Bi. 408. Amonbit, Bi. 430. Amonbessou, Bo. 431. *Vilain, chiche, avaricieux.*

AMORÉ. *Tu, toi, vous, votre, vos.* C'est toi, *Expression dont ils se servent, & qui équivaut à* bon jour.

AMOUROBA. *Encore*, Bi. 415.

AMOTCHIMBÉ, Amotchimban. *Pesant, lourd*, P. 25.

AMOTI, Bi. 414. *Esclave.*

AMOTOPOUROU. *Frange*, P. 23.

AMOU. *Autre*, P. 12.

AMOUCO. *Ailleurs*, P. 8.

AMOUCO, *Quelqu'un*, P. 26.

AMOUCON. *Aucun*, P. 26.

AMOUCOUNOBA, Seboricao *ou* Seporicao. P. 29. *Jusqu'à ce que j'en aie trouvé un autre.*

AMOUICAPAROMA. *On ne l'a pas crû*, P. 29.

AMOULERI. *Siége*, P. 19.

AMOUNA. *Quelqu'un*, P. 26.

AMOUN CORON. *Emporte*, P. 29.

AMOUNBÉ. *Taquin*, P. 25.

AMOUOIACO. *Une autre fois*, P. 8.

AMOUOIACONÉ. *Une autre fois*, P. 8.

AMOUOIACOTÉ. *Une autre fois*, P. 8.

AMOU OIATI. *Une autre fois*, P. 8.

AMOUMETÉ. *Une autre fois*, P. 8.

AMOURIACO. *Quelquefois*, P. 8.

AMOU SENEICA. *Que je voye. Voyons*, P. 28.

AN ? *Signe d'interrogation.*

ANA, *Nous*, Bi. 422.

ANAAN. *Le diable dans le fond des terres & vers le haut de la riviere d'Oyapock*, Barr. 216.

ANAAGUIRA, *Eponge.* P. 26.

ANABÉMAPA, *pour ne l'avoir pas acheté*, P. 27.

ANABICAPA, Oüraba. *Ton arc ne bande point*, P. 30.

ANABIPA. *Vrai, non menteur.* P. 25.

ANABOIPA. *Je n'ai pas pris*, P. 29.

ANABOPAICO. *N'y touche pas*, P. 30.

ANABOPA IPOCO. *Je ne ſuis pas adroit*, P. 30.

ANAC. *Quel.* Bo. 423.

ANACQUÉ. *De quoi?* Bo. 423.

ANAGAI. *Dormir, repoſer*, Bo. 405, 424.

ANAGOUTIPA. *Je n'entends pas, je ne ſçais pas.* P. 27.

ANAIABOUAN. *Nous ſommes égaux d'âge.* P. 30.

ANAKELIPASIMAN. *Je n'ai pas ſoif.* P. 29.

ANAMEROUROU, Ananemoúmaï. *Menteur*, P. 25.

ANANACOU. *Bois rouge.*

ANASSICOUROU. *Canne de ſucre.* P. 30. Bo. 397.

ANATAPA. *Tu n'entends pas*, P. 27.

ANCHIQUÉ. *Un peu*, Bo. 424.

ANETAIMEOUA. *Malade*, P. 23.

ANETANO. *Malade*, P. 23.

ANETAOUAPAUEYANÉ. *Je n'y ai pas été*, P. 30.

ANETOLEGON. *Sifflet*, P. 20.

ANGOUTIPA. *Je n'entends pas*, Bi. 414. Mſ.

ANIBOMOUIPA. *Je ne plante pas*, P. 30.

ANICABOUI PAOUA. *Je n'ai pas fait*, P. 30.

ANICABOUI POTO. *Qui n'eſt pas fait*, P. 30.

ANICOMAPA OUA. *Je ne verſe pas*, P. 29.

ANICOTA PANA, (Coleleta.) (*La chandelle*) *ne dégoutte pas*, P. 28.

ANIKEREPO ÉNÉ. *Eſt-ce de ton fait?* P. 30.

ANIMINGA. *Ont fait des petits.* Animinga pa. *N'ont pas fait de petits*, P. 28. (*en parlant des Oiseaux.*)
ANIMOMOKEPA. *N'attends pas*, P. 28.
ANIOUONIN CORO. *Il mourra*, P. 30.
ANOIMBO. *Estre saoul*, Bi. 413. Bi. 420.
ANOKÉ. *Qui, à qui*, P.
ANOLÉ OUA. *Je m'en vais*, P. 30.
ANOLÉ OUSSA. *Je m'en vais*, P. 30.
ANOLIPA, Anoripaman. *Qui n'est pas sec*, P. 26.
ANONOPAOUA, Anonopa. *Je ne mange pas*, P. 27.
ANORONIBOSÉ LOTIN. *C'est cela*, P. 29.
ANOUSY. *Lezard domestique*, Barr. 155.
ANNOTO. *Rocou*, Laet. 641.
ANQUINOPÉ. *Paresseux*, Bi. 424.
ANQUINOPÉ OUA. *Diligent, point paresseux*, Bi. 396.
ANSEGOUCA. *Je chauffe le cul*, Bo. 403.
ANOUAGOU, *Bois de Kourou*, M. R.
AOIMBO, Anoimbo. *Je suis saoul. J'en ai assez, c'est assez*, Bi. 429, 430.
AOU. *Je, moi, nous, mien, nostre*, Bi. 396. Bo 411.
AOUARA. *Palmier*, Barr. 87.
AOUARA. *Piquant. Nom donné en conséquence à un Palmier, dont la tige est pleine de piquans*, Mſ.
AOUARÉ. *Renard, puant*, Barr. 166.
AOUARIS-AOUARIS. *Plats ou espece d'écran ou d'éventail fait de feuilles de Palmiste, (Latanier) qui leur en sert*, Barr. 187.
AOUAROU. *Grues*, Barr. 133.
AOUARAS. *Perroquet de la plus grosse espece*, Bi. 413.
AOUASSI. *Blé d'Inde, millet, Mil, Millet*, Bi. 421. Bo. 396, 416.

AOUATOU. *Fourmi de la plus petite espece*, Barr. 199.

AOUERLÉ. *Content*, Bo. 403.

AOUERLE MAN? *On supprime* Es-tu? *& l'on dit simplement*, Très-bien. *Es-tu content?* Bo. 403, id. 405.

AOURAN. *Bien*, Bo. 410.

Je voudrois bien manger.

Aou aminé icé aouran.

APALIKA. *Chevreuil*, Barr. 172.

APARIOU. *Paletuvier*, Barr. 74.

APITABO. *Gros pois à gratter. Pois sauvages*, Barr. 94.

APOCUBÉ, Apoucubé. *Amitié*, Bi. 402.

APOICA, Apoiquecé. *Serrer, presser, attacher*, Bi. 429, 394.

APOIQUERÉ, Apoigueré. *Haler ou tirer contre mont*, Bi. 417.

APOIRENA, Apoïrené. *Coude du bras*, Bo. 402, Bi. 410.

APOMALIRI. *Chapeau de paille pour danser*, P. 23.

APORÉ. *Se tenir debout*, Bo. 428.

APORI. *Main*, Bi. 420.

APOTO. *Enflé, gros*, Bo. 408. Bi. 417.

APOTOMÉ. *Grand*, Bo. 408. Bi. 411.

APOTOMÉ VEYOU. *Grand soleil. Midi*, Bo. 416.

APOTOMÉ BIBI, *Grand-mere*, Bo. 403. Bi. 417.

APOUA. *Tien, prends*, Bi. 430.

APOUIKÉ. *Tien, prends*, Bo. 423.

APOUITIMÉ. *Femme, (une)* Bo. 405. Bi. 415.

APUA. *Poisson*, Laet. 644. Barr. 170.

ARACACA. *Tortue*, Bi. 421.

ARACABOUSSA. *Fusil, mousquet*, P. 21.

ARACABOUSSA TANO. *Balle d'un mousquet*, P. 21.

ARAIRACA

ARAIRACA. *Petite Tortue*, Bi. 430.

ARAOUAI. *Serpent*, Barr. 159.

ARROUMA. *Espece de Palmier*, Barr. 89. & Rel. 107.

ARAOVAOVA, Chipari, *Raye*, Laet. 644.

ARAYARANÉ. *Espece de Casse*, Barr. 34.

ARCA. *Coffre*, P. 21.

ARINATO. *Vaisselle de terre*, P. 20.

AROUA. *Tigre*, Laet. 642.

AROTOLOLO. *Ici*, P. 8.

ARQUABOUSA. *Mot Espagnol.* Aracaboufa. *Fusil, arquebuse.*

ASSAPUÉ. *Citron*, Bo. 400.

ASSIMBÉI. *Chaud*, Bi. 429.

ASSIMOUCOU. *Cloux*, P. 20.

ASSINBERY. *Chaleur*, Bo. 399.

ATAGUÉ. *Tantôt*, Bi. 429.

ATAIMAN. *Ramer*, *Nager dans un canot*, Bi. 422.

Aou ataiman. *Je rame*
Sataimatagué. *Je ramerai*
Ataimacq. *Rame donc.*

ATALY, *Arbre*, Laet. 642.

ATAPOUIMÉ. *Avoir beaucoup.*

ATOMBAI, Bo. 405. *Voyez* Etombé.

ATOUNBAN. *Couteau sans pointe*, *ansart*, P. 20.

AUNIQ, Bi. 432. Auiniq, Bo. 431. Oóuin, P. 14. *Un*, *un seul.*

AUTIBIPPO, *par élision de* aúto ibippo. *Couverture d'une case*, *peau d'une case.*

AUTO. *Case*, P. 19.

Auto bona. *A la maison*, P. 24, *sous-entendant le verbe*, je m'en vais, *quand ils se quittent.*

AY. *Grand-mere*, Bi. 417.

AYAMAKA. *Lézard des bois*, Barr. 154. *Il se mange.*

AYAMOUTI. *Captif*, Bo. 398.

AYAYA. *Poisson*, Barr. 170.

AYMARÉ. *Espece de grande alose qui ne se trouve que dans les rivieres*, Laet. 644.

ANAYA, (Ce mot, oublié dans son ordre alphabétique, signifie) *Précipice, escarpé*, P. 26.

B.

BABA. *Pere*, Bi. 424, Bo. 420.

BACHE. *Latanier, espece de Palmier*, Barr. 90.

BALAFO. *Instrument composé de calebasses vuides*, Barr. 192.

BALATANA. *Bananier*. Balatanna, *grosses bananes*. Baloulaoa, Baccoúcou, *petites bananes*, M. R.

BALIPÉ. *Vigoureusement, fortement*, P. 8.

BAMBOU. *Roseau*, Barr. 18.

BAMON, Bamen, Bamou. *Beau-frere, cousin, frere*, Bi. 416, Bo. 403, id. Bi. 411.

BAMOUHY. *Cousin*, Barr. 124.

BANARÉ. *Compere, ami*, Bi. 403.

BANARÉ. *Voilà*, Bo. 417. *Me voilà venu*, Aou Noboui banaré.

On voit par cet exemple combien Boyer s'égare de la vraie signification des mots, en exprimant : *Voilà* par *Banaré*, qui veut dire, *Compere, Ami;* le sens littéral de cette phrase est, Aou Noboui banaré.
Moi venu Compere.

BARATTA, Harcourtio. *Résine, qui, sur les charbons, répand une bonne odeur, & est un baume excellent contre les blessures nouvelles*, Laet. 645.

BARALOU, *ou* Baroulou, *Balisier*, Barr. 30.

BAREMO. *Espece de Brebis*, Laet. 643.

BAROU. *Balle d'un mousquet*, P. 21.

BATTA. *Pommes de raquettes*, M. R.
BATI. *Lit*, P. 20.
BAYROUA. *Pois à ſucre*, M. R.
BÉ. *Particule qui marque* l'abondance, plein.
BEBÉITO. *Le vent*, P. 15.
BECOU. *Les nues*, P. 15.
BENANI. *Eſpece de Grive*, Barr. 148.
BETEMÉ, Ebegacé. *Vendre*, Bo. 430.
BIBI. *Mere*, Bi. 421, Bo. 416.
BIBIALÉ. *Petit tablier dont ils ſe couvrent*.
BINARO. *Il y a long-tems*, P. 7.
BINATOMÉ. *Vieil, ce qui eſt depuis long-tems*, P. 25.
BINUM. *Vin*, P. 24.
BIPICAA. *Pois d'Angola*, Barr. 47.
BO, BONNE, BON. *Particules qui ne ſervent qu'à l'élégance à la fin des mots.*
BOCO. *A la fin des mots ſignifie, Pour, contre, à, aux.* P. 6.

Galibi *Boco, pour les Galibis.*

Yaouamé *Boco, contre les méchans.*

Iroupa mourou *Boco, bon à mon fils.*

BOGUÉ. *Faire.* Oüatobogué. *Faire du feu*, Bo. 409. Bi. 410.
BONA. *En, aux, vers, contre, de*, P. 6.
BOPPOMERY. *Col*, Yais. Laet. 643.
BOPPO. *Tête*, Yais. Laet. 642.
BOTA. *Afin que, pour*, P. 9.

Amoucoto *Bota, Afin qu'on en faſſe un autre.* Id.

BOUCANÉ. *S'arrêter, demeurer*, Bi. 404, 412.
BOUIROUCOU. *Cochon de France*, P. 18.
BOUITO, Boüitomé. *Jeune*, P. 24.
BOUIOUTOULI. *Serviteur*, P. 25.
BOULEOUA. *Roſeau à faire des fleches.*
BOUROUBOUROU. *Poudre à canon*, P. 21.

BOUSSAI. *En quelque lieu.*

BOUTOU. *Massue de Bois*, P. 21.

BOUTOUBOUTOULI, Bi. 409. *Fer, clou ; clef.*

Pour dire clef de porte. Boutouboutouli pena. *Clef de coffre.* Boutouboutouli cassa.

C.

CABAIO. *Cheval*, *Cavalle*, P. 18.

CABIAI. *Cochon très-gros qui se tient dans les marais.* Barr. 161.

CABIONARA. *Animal amphibie*, Barr. 161.

CABIOU. *Fort*, *beaucoup*, Mſ.

CABO. *Ciel*, Bo. 400.

CABOCHE, Caboſſe. *Nom françois qui signifie l'enveloppe des grains ou du fruit de Rocou*, Barr. 98.

CABOUYA, Amóté, *Corde.* P. 21.

CABUERIBA. *Bois rouge*, M. R.

CABUYO. *Pite*, *espece d'Ananas*, M. R.

CACHIPARA, Soubara. *Epée*, Bi. 414. P. 21.

CACHOUROU. *Rassade*, P. 20.

CACOSSA *ou* Cacouſa. *Aiguilles*, Bi. 415. P. 20.

CAICOUCHI. *Tigre*, P. 18.

CAIKÉ. *Parler*, Bo. 422.

CAIOUMOROU. *Lamentin*, Bi. 419.

CALABA. *Huile quelconque, de quelque chose que ce soit*, Bi. 418.

CALALOU, Karoulou, Barr. 66.

CALATA. *Papier*, Bi. 423.

CALINA. *Indien*, Bi. 398.

CALINEROU. *Brebis*, P. 18.

CALITA. *Lettre ou écriture, papier*, Bi. 419. Bo. 407.

CAMA, Caman. *Partons, allons*, Bi. 424. P. 28.

CAMAGNOCK. *Plante.*

CAMBO. *Boucan*, Bi. 407.

CAMBOMÉ. *Boucaner*, Bo. 397.

CAMBONÉ. *Rôtir la viande, boucaner*, Bi. 428.

CAMBOSSICOURAMÉ. *Boucaner*, Bo. 397.

CAMICHA. *Toutes ſortes d'habits, & en particulier une chemiſe*, P. 12.

CAMISA. *Linge, toile, chemiſe, drap*, Bo. 399. 428.

CAMIZA. *Bande de toile de coton peinte par carreaux, dont les Indiens ſe ſervent pour couvrir leur nudité*, Barr. 122. 44.

CAMOUCOULOU. *Calebaſſe d'herbe*, M. R.

CANAOUA. *Pirogue, eſpece de barque longue dont ils ſe ſervent.* P. 21.

CANETA. *Bonnet à deux plumes*, Barr. 195. Rel.

* CANICHÉ. *Canne à ſucre*, M. R. * *Mot emprunté des Eſpagnols.*

CANICHEIRA. *Jus de canne à ſucre, ſirop, ſucre.*

CANNABIRA. *Navire*, P. 21.

CAOUANNE. *Groſſe tortue*, Bi. 348.

CAPACOU. *Tatou, eſpece de Gibier*, Bo. 430.

CAPOU. *Ciel*, Bi. 409, P. 15.

CAPOU. *Nuage*, Bi. 422.

CAPORONÉ. *Autrefois*, Bi. 400. 405.

CAPOUROUMÉ. *Autrefois*, Bo. 394.

CARABOU. *Nourriture des Indiens*, Mſ. 379.

CARACOULI. *Babioles de cuivre, bagatelles*, Bo. 396.

CARAEROU, Cariarou. *Liane, dont les feuilles ſervent pour teindre en cramoiſi*, M. R.

CARAPA. *Mort aux bêtes. Nom qu'on a donné à un grand Arbre, dont l'huile qu'on en tire leur est très-contraire*, Mſ.

CARECOURY. *Or*, Laet. 643.

CARET. *Tortue, dont l'écaille ſert à faire de beaux ouvrages*, Bi. 348.

CARETA. *Petite corde mince & fort déliée, à laquelle ils font autant de nœuds qu'ils prétendent être de jours dans leur voyage, ils la mettent au milieu du carbet*, Barr. 181.

CARIACOU. *Nom donné à une ſorte de boiſſon, emprunté de* Cariacou, *Chef des Palicours, qui le premier l'avoit composée*, Mſ.

CAROU. *Sucre*, Bo. 427.

CARRIMAN. *Réſine noire*, Laet. 645.

CASSA. *Coffre*, Bi. 409. Ce mot leur eſt venu des Eſpagnols.

CASSIRI. *Bouillie de magnoc*, P. 26.

CASSIRIPO. *Raclures de magnoc*, P. 26.

CASSOORWAN. *Petit poiſſon*, Laet. 644.

CASSOURÉ, Cachourou. *Raſſade*, Bi. 427. P. 20.

CASTUBO. *Dos*, Bo. 405, Bi. 413.

CATAROU. *Tortue de Mer*, Bo. 429.

CATOLI, Catáuli. *Hotte*, Bo. 411.

CATTEBÉE, *Lune*, Laet. 642.

CAVIMO. *Poiſſon ſans écailles*, Laet. 644.

CAUMOUN. *Palmier, eſpece de chou palmiſte*, Barr. 87. & M. R.

CAUPO. *Le Ciel, où ils croyent que ſont portées les ames de ceux qui ont bien vécu*, Laet. 642.

CAYCOUCHY. *Tigre*, P. 18.

CAYCOUCI. *Chien*, Bi. 408.

CENEBI. *Apporter*, Bo. 394.

CENES *ou* CENEY. Sené, *voir*, Bo. 431.

CERABA, (ao Ceraba). *Je m'en vas*, Bo. 432.

CHALOMBO. *Feuille d'arbre*, Bi. 416.

CHAMBOURA. *Tambour*, Bo. 428.
CHICASSAN *ou* Chicapoui. *Faire.*
Chicaſſan. *Je fais.*
Micaſſan. *Tu fais.*
Chicapoui. *J'ai fait.*
Chicatagué. *Je ferai.*
Amicapoüigué. *Fais-moi.*
Anoimbo miri. *J'ai fait* ou *achevé.*
CHICATAI, Chiqueté. *Couper*, Bi. 406. 409.
CHICO. *Chiques*, P. 19.
CHICOU. *Piſſer*, Bi. 425.
CHIMIGUÉ. *Attacher. J'ai attaché*, Bi. 415.
CHIMORIGAY. *Tirer un fuſil ou une arquebuſe*, Bi. 404.
CHIMUGAY. *Attacher, lier*, Bi. 404. 419.
CHINAI. *Voyez* HYOROCAN.
CHIOUÉ, Ciouy, Chioé. *Aſſommer, tuer, flécher*, Bi. 404, Bo. 429, Bi. 431.
CHIPARI. *Raye*, Laet. 644.
CHIPIOU. *Bois amer.*
CHIQUÉ. *Tirer*, Bi. 431.
CHIQUERIQUÉ. *Brûler*, Bi. 407.
CHIQUETÉ, Chiqueté. *Couper. Rompez*, Bi. 410. 417.
CHIRIKA. *Étoile*, Laet. 643.
CHOUCHOUROU. *Mahot ſauvage.* M. R.
CICONRAMAI. *Travailler*, Bo. 430.
CICOURAMOUY. *Raccommoder*, Bo. 425.
CICOUROU. *Lait*, Bi. 418.
CIGOUTI, Secouti, *entendre*, Bi. 414. Mſ.
Amoré cigouti, *Entends-tu bien ?*
CIMICIMY. *Grenouille bleue*, Barr. 156.
CINAT. *Flûte de trois pieds de longueur qui n'a qu'un trou, & pour embouchure une anche ; chaque flûte n'a qu'un ton. Ils en ont toujours huit,*

& ſouvent plus de cinquante, Lab. 420. Barr. 200.
CIOUY. *Tuer*, Bo. 429.
CIPIPA. *Poudre fine*, Mſ. *C'eſt en conſéquence le nom qu'ils donnent au marc ou au réſidu de l'eau de Magnoc.*
CIPONIMÉ, Cipouimay, Bi. 399. *Aimer.*
CIPOTI, Sipoti. *Cueillir*, Bi. 410.
CIQUOU. *Piſſer*, Bi. 420, 431.
COA. *Crabe*, Laet. 644.
COCI. *Diligenter, aller vîte*, Bi. 413.
COCI, Enochiquendo. *Diligenter, aller vîte*, Bi. 413.
COCHI. *Vîte, promptement*, Bo. 431.
COCHI-NOBOUY. *Je ſuis venu, j'ai été vîte*, Bo. 411.
COIARE, Coyara. *Hier*, Bo. 411, Bi. 418.
COIÉ. *Le ſoir, la nuit*, Bi. 429.
COIGNARO. *Hier*, P. 7.
COJUMERO. *Eſpece d'animal*, Laet. 644.
COLLIARA. *Canot. Conſtellation du chariot*, P. 21.
COLIBRIS. *Oiſeau de la plus petite eſpece, ſa gorge reſſemble à une émeraude*, Bi. 344.
COLLIMAN, CARRIMAN. *Réſine noire & luiſante, dure comme de la poix, qui étant miſe ſur des charbons, répand une odeur agréable*, Bi. 645.
COLIMBESE *ou* Camiſa. *Petit morceau de toile pour couvrir leur nudité.* Lab. 359.
COLOLETA. *Chandelle*, P. 26.
COLOMONOLO. *Bientôt*, P. 8.
COMI. *Fille*, Yais, Laet. 643.
COMMORI. *Voyez* MOULOUTOUCOA.
CONANA. *Palmier*, Barr. 88.
CONAMY. *Bois à enyvrer le poiſſon*, Barr. Rel. 158. Eſſ. 50.
CONCONNÉ. *Fort boſſu*, Mſ.

CONION. *Morceau de toile de coton brodé de rassade ou de petits grains de verre de différentes couleurs, ayant la figure d'un éventail, que les Indiennes attachent avec un cordon sur les reins*, Lab. 359.

CONNOBO. *Pluie*, P. 26.

CONNOBO KÉ. *A cause de la pluie.* Ké *à cause de*, P. 26.

CONOMEROU. *Tonnerre*, Bi. 431.

CONOPO, Aconabo. *Pleuvoir. Il pleut*, Bi. 425. Bo. 421.

COOQUO. *Nuit*, Bi. 422.

COPORAL. *Orfraye, oiseau de rapine*, Barr. Rel. 148.

COROA. *Concombre*, Barr. 44.

CORONA. *Corde*, Bi. 427.

COROPO. *Demain*, Bi. 412.

COROTOGO, Colóroco, Corótoco. *Poule, volaille*, Bi. 425, Bo. 431, P. 18.

COROUABET. *Collier*, Bi. 410.

COSSOUY. *Chausser*, Bo. 399.

COUA. *Crabe. Cancer*, Laet. 643.

COUABOUIA, *je donne à boire.* Couabo, Coua boco, *Donne à boire*, P. 29.

COUACK. *Farine de magnoc*, M. R.

COUAIRI, Couciri. *Tamarin. Singe*, Bi. 430, Bo. 428.

COVAKA. *Petit oiseau, dont le bec est grand & monstrueux*, Laet. 644.

COUANDOU. *Porc-épic*, Barr. 153.

COUAT. *Adjonction*, Bi. 413.

COUBOULIROUA. *Bois à gaulettes.*

COUCHARI. *Cerf*, Bi. 409.

COUCIRI. *Tamarin*, Bo. 428.

COUCY, Coué. *Hameçon*, P. 20.

COUÉREMAN. *Mulet, poisson*, Bi. 422.

COUILLARA. *Espece de canot dont une extrémité se termine en pointe, & qui est si petit qu'à peine contient-il deux ou trois personnes*, Barr. 131.

COUIOUMOUROU. *Lamentin.* Pegue-bey *au Brésil*, Barr. 159.

COUIPO. *Cœur de roche. Nom donné à un Arbre qui a des petites pierres à fusil dans son cœur*, Mf.

COULAO. *Pite, espece d'Ananas*, M. R.

COULAOUA, *Pite* (aloé). *Le chanvre du pays.*

COUMACAI, *chez les Portugais du Para. Figuier*, M. R.

COUMARAOUA. *Roseau*, Bi. 416.

COUMATA. *Pois à manger*, Bi. 425.

COUMOUN. *Palmier*, Barr. 198.

COUPAYA. *Grand arbre*, M. R.

COUPI. *Lourd. Nom donné à un arbre, dont le bois est très-pesant*, Mf. Barr. 42.

COURAMÉ, Couramené, Couranamé. *Beau, belle*, Bi. 407, 416, id.

COURATARI. *Espece de liane*, M. R.

COURBARIL. *Arbre*, Barr. 43.

COURÉ. *Bon*, Laet. 643.

COURENEIOU. *Fusil à battre le feu, briquet*, Bi. 417.

COURGA. *Perroquet*, Laet. 642.

COURITA. *Jour*, Bo. 413, Bi. 418.

COUROUA gué. *Avec une corde*, Bi. 419.

COUROU BARA, Bourou bourou. *Poudre à canon*, Bi. 425, P. 21.

COURPO. *Il pleut*, Bi. 430.

COUSSA. *Crabes*, Bi. 419.

COUTSAUWE, *Rocou*, Laet. 641.

COUY. *Tasse à boire*, Bo. 428.

COUYE. *Ustensiles qu'on fait avec le fruit du Calebassier, chez les Indiens des Amazones*, Barr. 139.

COUYOU. *Tablier indien.* Barr. 193. 194.
CRIK. *Espece de Perroquet*, Barr. 144.
CROUPY. *Poisson*, Barr. 180.

D

DACKOSYE. *Pieds*, Laet. 642.
DADANE. *Cuisse*, Laet. 642.
DALEROCKE. *Bouche*, Laet. 642.
DARII. *Dents*, Laet. 642.
DARRYMAILI. *Bouche*, Laet. 642.
DIGAMI. *Voyez* TIGAMI.
DIOSSO, *mot Espagnol.* Ibapporo bouitounou, Aïouboutouli, Issimeiri boüitoli roba. *Dieu, le Capitaine de tous les Hommes, de tous les Anges.*

E.

ECOSSA. *Chez*, Bi. 408.
Je veux que tu demeures chez moi.
Aou amoré ao ecossa, id. 408.
Moi toi moi chez.
EBATON. *Image, tableau*, P. 26.
EBEGACÉ. *Vendre*, Bo. 430.
EBEGAGUÉ. *Donne*, Bo. 430.
EBETIMÉ. *Le prix de quelque chose. Et, par métaphore, en revanche*, P. 27.
EBICAGUÉ, *Demander.*
Sebéguétagué, *Je demande, je demanderai*, Bi. 412.
EIATARI, Ciatari. *Aisselle*, Bi. 400. Bo. 393.
EIPETI. *Cuisse*, Bo. 403.
EITOTO. *Ennemis*, P. 22.
Eitoto acamaré. *Ennemis qu'il faut perdre. De la métaphore de rompre, pour perdre, détruire.*
Touma acamaré.
Canari brisé.

EMAMORI. *Aube du jour, point du jour, l'aurore; il est jour*, Bi. 405.

EMBAGNAN. *Nom qu'on donne à une espece de bouillie faite avec des bananes*, Mſ.

EMBATALI, Yepotali. *Face, visage*, Bo. 405. Bi. 415.

EMBATORI. *Bouche*, Bi. 407.

EMERELÉ. *Mode*, Bo. 416.

EMÉRERO. *C'est sa coutume*, P. 28.

EMERLAY. *Cela est bien*, Bo. 398.

EMIOLÉ. *Mode, coutume*, Bi. 421.

EMITI. *Pouls*, Bi. 425.

EMPATOLI. *La bouche*, Bo. 396.

EMOQUATANGUÉ. *Va faire bouillir le pot.*

ENAARAKAKA. *Tortue de terre de la petite espece*, Barr. 166.

ENABIRI. *Menteur*, P. 25.

ENAEBO. *Par-là*, Bo. 419.

ENASSARI. *Gorge*, Bi. 417.

ENCHINOC. *Petit*, Bi. 424.

ENCHIQUÉ. *Petit.* Enchiqué cé. *Très-petit*, Bo. 429.

ENCHIQUÉ. *Modérément*, Bo. 417.

ENÉ. *Voila*, P. 8.

ENEBO. *C'est-là*, P. 8. Bo. 398.

ENEBO MONETO. *Çà & là*, Bo. 397.

ENERBÉ, Enerbeyé. *Enyvrer, yvre*. Bi. 432.

ENERBEYÉ. *Yvre*, Bo. 413.

ENI. *C'est-à-dire*, Bi. 420.

ENOBOUN. *Emplâtre. Ce qui ferme, ce qui bouche, bouchon*, P. 29.

ENOCHIQUENDO. *Diligenter*, Bo. 404.

ENOUARA, Bi. 429; Neouara, id. 410. *Comme, ressemble.* Irouara, *Autant, semblable, ressembler*, id. 429. *Comme*, id. 432. *Comme cela, de la sorte*, id. 30.

ENOUROU. *Œil*, Bo. 414. Bi. 423.
ENTO. *Tien, de tenir*, Bo. 428.
ENSICO. *Peu*, P. 8.
ENSIN, Ensayn, *Frere aîné*, Bo. 408, Bi. 416.
ENSITI. *Petit*, P. 26.
ENUASSA, Enassari. *Gorge*, Bo. 408.
EORANÉ. *Deviser*, Bo. 404.
E'OULAN. *Parler, prier, parler à.* P. 27.
EOULANANON. *Langue du pays*, P. 18.
EPEBCITA *ou* Epebéita. *Veuve*, Bo. 430.
EPEBEITA, Peperito. *Vent*, Bo. 430.
EPENÉ. *Trelanguer; c'est-à-dire, scarifier legérement la peau avec un rasoir, ou un fer aigu & tranchant. Les Candidats-Piayes doivent souffrir cette opération*, Lab. 393.
EPEMAN. *Donner*, Bo. 405.
EPERI. *Fruit*, Bo. 408.
EPOPO, Opipo. *Cuir, peau*, Bi. 409, Bo. 420.
ERAGUÉ, Iraqué. *Aujourd'hui*, Bo. 395. Bi. 405.
ERBO. *Là, ici, en ce lieu*, Bi. 420. Erebo. *C'est-là, ici*, Bi. 420, Bo. 411, id.
EREBA, Meïou. *Pain, cassave*, P. 24, id.
EREBALI. *Dîner*. Bo. 405.
EREBO. *Ici*, Bo. 413, Bi. 420.
ERECOU, Erecourou. *Guerre, colere*, P. 22.
EREMY, Ilemy. *Chanter*, Bo. 399.
ERIMÉ, Ereme. *A cette heure, tout présentement*, Bi. 404, Bo. 395, id. 411.
EROBO. *Ici*, P. 8.
EROMÉ. *Maintenant, aujourd'hui*, P. 7.
EROUBACO. *Parle à*, P. 27.

Eroubaco mocé.
Parle à celui-là.

ERRHOUDÉ. *Herbe du bon Dieu. Herbe du diable*, Barr. 75.
ESCOUTY. *Cerceau*, *ceinture*, Bo. 398.
ESPERIBO. *Fruit*, Bo. 416.
ESTAGO. *Salive*, *crachat*, Bo. 425, Bi. 428.
ESTÉ ? *Que ?* Bo. 399.
ESTÉ soubi ? *Que cherchez-vous ?* Bo. 399.
ETABOUDI. *Bouchon. Ce qui bouche*, *ferme*, P. 23.
ETAGUÊ. *Quand*, Bi. 430.
ETÉ. *Nom*, P. 28. Nok été ? *Quel est le nom de cela ? Quel nom ?*
ETÉBOGUÉ. *Que ?*
ETEBOGUÉ amoré ? *Que fais-tu là ?*
ETEMEGAMÉ. *De quoi parlent*, Bi. 412.
ETEQUAYÉ *ou* Anaque. *De quoi*, Bo. 404.
ETIAGUÉ. *Quand ? Quand sera-ce ?*
ETOMBÉ. *Malade*, *maladie*, *douleur*, Bi. 409, 413, 420.
EUDO. *Tiens*, *de tenir*, Bi. 430.
EVE ebepo. *C'est pour cela*, Bo. 398.
EUENIKE. *Boire*, Yais. Laet. 643.
EYETOMBÉ. *Malade*, Bo. 415.

F.

FIAMINGA. *Flamands.*

G.

GAA. (*Particule*). Bo. 423.
GAIGAMADOU. *Grand arbre*, M. R.
GAGOU. *Grand arbre*, M. R.
GALINA oa INDI. *Sauvage*, Bo. 426.
GAROTTA. *Cordelette sur laquelle ils font certain*

nombre de nœuds, dont ils défont un, chacun des jours qu'ils employent à un voyage pour en sçavoir le nombre, Lab. 405.

GOENALY. *Genouil*, Yais. Laet. 643.

GOUANDOU. *Porc-épic*, Barr. 153.

GRIGNON. *Arbre*, Barr. 56.

GRÉGRÉ. *Scie*, Bi. 429.

GROUGROU. *Panier (grand)*. Bi. 423.

GUÉ. *A la fin d'un mot signifie*, avec, Bi. 415.

GUENECÉ. Yaré guenecé. *Viens-çà*, Bo. 431.

GUERECI. *Cizeaux*, Bi. 409.

GUAJAVA. *Goyavier, arbrisseau*, M. R.

GUARUCUCU eremerbi. *Voyez* LIOULIOU.

H.

HABOPBOPPENE. *Quinze*, Laet. 642.

HADA. *Arbre*, Laet. 642.

HALEUR. *Hibou, chat-huant*, Barr. 148.

HEIA. *Pere*, Laet. 642.

HEU-AY. *Frere*, Bo. 408.

HEWERRY. *Fléche*, Laet. 642.

HIPO. *Bananier*, Mſ.

HOCCO. *Faisan des Amazones, de Para, de Cayenne*, Barr. 139.

HOERAPALLII. *Arc*, Laet. 642.

HOENALY. *Nez*. Yais, Laet. 642.

HOERAPPE. *Arc*. Yais. Laet. 642.

HOIEELII. *Dents*, Yais. Laet. 642.

HOLOPETALY. *Ventre*. Yais. Laet. 643.

HOOMOTALY. *Epaule*, Yais. Laet. 643.

HOPATALY. *Bouche*, Yais. Laet. 642.

HOPPELABALLE. *Cœur*. Yais. Laet. 643.

HOUMMARI. *Tour de plumes*, Barr. 195.

HUEREICO. *Tiercelet*, P. 18.

HUETO. *Étron*, Bi. 415.

HUINCO. *Fourmis*, P. 19.

HUOROYE. *Frere*. Yais. Laet. 643.

HYOROKAN, *Galibi*. Amignao, *Arroues*. Anaanh, *Avant dans les terres*. Maboye, *Caraïbes*. *Le diable*, Barr. 206.

Chinay. *Celui qu'ils craignent le plus*, id.

I.

JACAPE. *Queue de biche de Savane*, M. R.

JAPELLY. *Bras*, Yais. Laet. 643.

IAMORI. *Amis*, *confédérés*, Bi. 402.

IAMORI, Amo. *Doigt de la main*, Bi. 413, Bo. 405.

IARÉ. *Donner*. Yaré mé, *Donne-moi*, Bi. 413.

IARO. *Mettez*, P. 26.

IBARI, Iperiamori. *Front*, Bi. 416, Bo. 408.

IBIPATANGA. *Cerisier cannelé*, M. R.

IBAPPORO bouitounou. *Voyez* DIOSSO.

IBAPPOROYÉ, Ouino. *De tous côtés*, P. 17.

IBIRAOBI. *Bois de fer*, M. R.

IDA, Bi. 414. TA (*mis après le mot*) Bo. 405. *Dans*, *dedans*.

IÉ. *Il est allé querir*, P. 29.

Touná ïé.

Il est allé querir de l'eau.

Hué ïié ïe.

Il est allé querir du bois.

JEENE

JEENE. *Gosier.* Yais. Laet. 643.
IECONARI. *Genou*, Bi. 417.
JECOSSA. *Chez moi*, Bo. 400.
IEIMOY. *Attaché*, P. 28.
IEPPO, Yepo. *Os*, Bi. 423, Bo. 415.
* IERI. *Dents*, Bi. 412. * *Ce mot signifie aussi cela*, id 411.
IERON. *Particule qui se met à la fin de quelques mots par élégance.*
IETAIBA, Coubaril. *Arbre*, Barr. 43.
ICAQUE. *Prunes des anses*, M. R. *Ce mot n'est pas en usage à Cayenne.*
ICARI. *Arbre dont le suc des feuilles est bon contre les maux de tête*, Laet. 645.
ICARI, ICAY. *Mocquer*, Bo. 416.
ICCO. *Donne*, Bi. 413.
ICÉ. *Vouloir.* Aou icé, *Je veux*, Bi. 417. Icé man, *Je le veux bien*, (*très-fort.*) id.
ICÉPA. *Refuser, ne vouloir pas*, Bi. 427, Bo. 424.
ICHÉ. *Vouloir, aimer*, P. 8.
ICONÉ. *Mauvais*, Yais. Laet. 643.
ICONOUROU. *Apostume*, P. 28.
ICOUMAGUE, Icoûmaque. *Appeller quelqu'un*, Bi. 403, Bo. 394.
ICOURITA. *Midi*, Bi. 421.
IKIRILICATOPO. *Poulie*, P. 12.
IKIRIOU. *Serpent monstrueux*, Barr. 158.
IMMER. *Mere.* Yais. Laet. 642.
IMMÉRITIPO. *Corne*, P. 24.
IMOMBO. *Pondre œufs*, Bi. 423.
IMON. *Œufs*, P. 24.
IMOTALI, Amanta. *Epaule*, Bi. 414, Bo. 405.
IMOUROU tigami, Emourou tigami. *Fils d'amitié*, Bo. 408, id. 417.
INALIQUE. *Dès qu'il y a*, Bi. 416.
INAMON. *Perdrix*, Bi. 425.

INAMON. *Un bon poulet d'Inde*, Bo. 432.

INEKOU. *Bois à enyvrer*, Barr. 158 & 24, Bi. 407.

INEMO. *Fil*, Bi. 416.

INESSIN. *Cul*, Bi. 411, Bo. 403.

INI. *Cela*, Bi. 421, 432.

INOUENOURÉ. *Sang*, Bo. 425. Sibogayé, *Saigner*, ibid.

JO. *Réponse que chacun fait au Maître du Carbet, qui dit à chacun bonjour, par ce mot*, yarigado, Barr. 125.

JONCÉ, Jonçay. *Cheveux*, Bi. 408.

JONSONIA. *Cedre à Saint-Domingue*, M. R.

IPETAQUEMÉ. *Troquer, changer*, Bo. 429, id. 399.

IPPETÉ NONEMBO. *Animaux de terre*, P. 18.

IPITI, Eipéti. *Cuisse*, Bi. 411, Bo. 403.

IPOBOU. *Estomac*, Bi. 415.

IPOKA. *Espece de casse*, Barr. 34.

IPOLIRI, Ypoliri. *Riviere, fleuve*, Bi. 427.

IPONOMBO. *Chair, viande*, Bo. 399, Bi. 423.

IPOUPOU, Ipoupo. *Pied*, Bo. 420, Bi. 424, id. 411.

IPRETOLI. *Soldats*, Bo. 427.

I-PRETY. *Ma femme*, Bo. 408, id. 417.

IPUMA. *Maigre*, Bi. 420.

ITIPOBOUROU. *Estomac*, Bi. 414. Mſ.

IQUALI, ICALI. *Mentir*. Tarſinga, Tareſſinga, *Tu mens*. Bi. 421.

IQUE. *Mettre, mets*, Bi. 422.

IQUE. *Là, en ce lieu-là*, Bi. 412.

IRA. IRI. *Voyez* IERON.

IRAUEI. *Se dépêcher*, Bo. 404.

IROCAN. *Le Diable*, Lab. 385, 399.

IROMBOUY. *Mort*, Bo. 416.

IROPASUA. *Fâcheux*, Bi. 405.
IROUPA, Yroupa (*bon.*) *Calme*, *doux*, *bon*, *homme de bien*, Bi. 421, P. 25, Bo. 396.
IROUPACONÉMAN. *Bon*, *beau*, P. 25.
IROUPA OUAT, Iroupa oua. *Mauvais*, *méchant*, Bo. 416.
ISSABENOUROU. *Fosse du col*, Bi. 416, Bo. 408.
ISSAIRI. *Jambe*, Bi. 418.
ISSIMEIKÉ. *Homme qui a de l'esprit*, P. 25.
ISSIMEIPA. *Homme qui n'a pas d'esprit*, P. 25.
ISSIMEIRI. *Esprits (les). On y ajoûte* bouitouli *qui veut dire serviteurs*, *pour dire les Anges*, P. 25.
ISSIMEIRI boutouli roba. *Voyez* DIOSSO.
ISTARENAY. *Certainement*, Bo. 398.
ITANGUÉ. *Va-t'en*, Bo. 430.
ITANGO. *Va*, P. 28.
ITANG' IROUMBO. *Va-t'en*, P. 28.
Itangarua, *Va-t'en de-là*, Bi. 431, Bo. 430, id.
ITINARA. *Petit oiseau de Savane*, Barr. 130.
ITOPOUPO, Otali. *Cœur*, Bi. 409, Bo. 401.
ITOLESSÉMAN. *Veux-tu aller?* P. 7.
ITOUPOU. *Herbes*, Bi. 418.
ITOTO. *Ennemi*, Bi. 414.

K.

KABROUET. *Charrettes à bretelles*, Barr. 90.
KALENDA. *Danse de Negres*, *obscéne*, Barr. 191.
KAMAYACOU. *Gros ventre*, *Poisson*, Barr. 176.
KAMICHY. *Oiseau de rapine*, Barr. 124.
KAOUANE. *Tortue monstrueuse*, Barr. 163.
KARANGUE. *Poisson volant*, Barr. 173.
KARAOUA. *Petit lézard*, Barr. 155.
KARAPA. *Arbre*, Barr. 27, 198 & 199.
KARARAOUA. *Cerras bleu*, *Oiseau*, Barr. 145.

KARARA-AOUABO. *Espece de Luzerne*, Barr. 77.
KARE-KEROU. *Grosse vanille*, Barr. 111.
KARIAROU. *Espece de Frêne*, Barr. 39.
KARIAROU. *Espece de Lizeron*, *Fécule aussi rouge que le vermillon d'Espagne, tirée des feuilles d'une Liane semblable en quelque maniere à la Vigne*, Barr. Ess. 39. Rel. Ess. 39. 197.
KARIOUAROU. *Liane dont les feuilles servent pour teindre en cramoisi*, M. R.
KAROULOU. *Espece de plante*, Barr. 66.
KAVIRIRI. *Grosse Sarcelle*, Barr. 146.
KAYOUROURÉ. *Makaque blanc, Singe*, Barr. 150.
KÉ, *à la fin du mot*, *Avec*, P. 7. *Reponse* ou *Particule*.
KELLETE. *Plante dont le fruit est en grappe, & le grain bon contre la dissenterie*, Laet. 645.
KÉNAPE. *Pluie*, Laet. 643.
KEREMISSI. *Rasoir*, P. 20.
KERERE. *Liane franche*, Barr. 24.
KEXY. *Corde avec des nœuds*, Barr. 181.
KIANKIA. *Perroquet violet*, Barr. 144.
KIANKIA. *Piailleur, espece de Corbeau*, Barr. 129.
KONOPOCINAR. *Lis rouge*, Barr. 68.
KOTACCA. *Grosse poule d'eau*, Barr. 132.
KOUBOUYA. *Case basse*, Barr. 141.
KOUMATA. *Bois de Kourou*, Barr. 93.
KOURATARY. *Arbre*, Barr. 71.
KOURATARY. *Colliers faits de dents de Tigre*, Barr. 196.
KOURKOUROU. *Sorte de petite hotte*, Barr. 107.
KOUROU-MARY. *Roseau à fléches*, Barr. 19.
KOUROUPITOUTOUMOU, *Boulet de canon*, *Plante*, Barr. 92.
KOUTTAI. *Gros yeux*, *Poisson*. Barr. 173.
KOUXEURY. *Asnon d'étang*, Barr. 171.
KYRTRYRRE, *la Lune*, Laet. 642.

L.

LANGOU. *Nourriture des Indiens*, Lab. 379.
LANGOU. *Nourrissant*, Ms.
LEMOULEMOU. *Crabe*, Barr. 205.
LERÉ. *Chauve-souris*, Barr. 148.
LIOU-LIOU. *Cigale*, Barr. 193.
LOGON, LOTIN. *Seulement*, P. 19.

M.

MABI. *Boisson faite avec de la patate*, Bi. 334.
MACAPA. *Espece de Palmier*, Barr. 88, 90.
MACO. *Cousin, insecte*, P. 19.
MACOALI. *Fouet*, P. 22.
MACOUALI, Makouali. *Fouetter, fouet, verge*, Bo. 432, Bi. 432.
MAGON. *Le petit d'un animal*, P. 12.
MAHO. *Corde. Nom donné à un arbre de l'écorce duquel on fait des cordes.*
MAHOU-MAHOU. *Plante*, Bar. 70.
MAITAGUINÉ. *Fumée*, Bo. 408.
MAKAQUE. *Singe blanc*, Barr. 149.
MAKOUMA. *Mulet, poisson*, Barr. 175.
MALACAYA. *Chat tigre*, Barr. 153.
MALASSI. *Faisan*, P. 18.
MALIA. *Couteau ordinaire*, P. 20.
MAMBOULOU. *Roseau*, M. R.
MAN. *Particule qui signifie* fort, *ou bien* (très.) Bi. 404. *Elle sert aussi de signe d'interrogation.*
MANAMÉ. *Voleur, larron*, Bo. 431. Bi. 432.
MANATELÉ COUPO. *Lait*, P. 16.
MANATI. *Mammelle*, Bo. 415, Bi. 420.
MANNATII. *Mamelles*, Yais. Laet. 643.
MANCHIBOUI. *Pommier, (espece de)* M. R.
MANCIPÉ. *Long*, Bi. 418.
MANHOULOU. *Coton*, M. R.

MANI, Many. *Résine qu'ils font fondre & qui leur tient lieu de goudron*, Barr. 76, id. 153.

MANI COROPO, Amani coropo. *Après-demain*; Bi. 404.

MANI Coyaré. *Avant-hier*, Bo. 394, Bi. 404.

MANIHOE. *Plante*, Barr. 74.

MANITAMBOUR, *Sapotilier*, *Arbre fruitier*. Barr. 101.

MANLI. *Pistache de terre*, M. R.

MANSETA. *Serpe*, P. 20.

MANSINEMÉBOGUÉ. *Travailler*, Bo. 430.

MAOUROU. *Coton*, Bi. 410.

MAPIRI. *Moustiche*, *moustiques*, Bi. 421. P. 19.

MAPAS. *Plante*, M. R.

MAPO. *Chemin par terre*, P. 26.

MAPOUROU. *Diable*, Lab. 385, 399.

MAPPOEROE. *Fléche*, Yais. Laet. 642.

MAQUE, Mak. *Maringouin*, *cousin*, Bi. 420. Barr. 194 & 195.

MARACA. *Menteur*, P. 25.

MARAKA. *Calebasse*, Barr. 209.

MARAKOUPI. *Arbre*, *dont les feuilles brûlées noircissent la résine du* Sipo, Barr. 198.

MARÉ. *Se choyer*, *prendre garde à soi*, Bi. 408.

MARIA. *Couteau*, Bi. 410.

MARIPA. *Palmiste franc*, Bi. 423, Barr. 88.

MARICOUPY. *Plante*, M. R.

MARO. (*A la fin du mot*) Avec.

MASSETA. *Houë*, *hoyau*, Yais. Laet. 643.

MASSO. *Asne*, P. 18.

MATAPI. *Tamis*, Bo. 429.

MATECA. *Serpe*, Bi. 429.

MATEREBÉ. *Mahot sauvage*, M. R.

MATETÉ. *C'est un mot Négre qu'ils ont adopté*, & *qui veut dire* corroborer, Mss.

MATOUTOU. *Petites tables des Sauvages*, P. 19.

MAUCIMBÉ, Mossimbé. *Pesant*, Bo. 420 & 421.
MAUCIPÉ. *Épais*, Bo. 404.
MAYAPOLI. *Cheval marin*, Bi. 347.
MAYATA. *Bouteille* ou *calebasse*, Bi. 407.
MAYNA. *Jardin*, Bi. 411.
MAYPOURI *ou* MAIPURIES. *Vache sauvage, dont la chair peut se saler*, Barr. 150 & 160, Laet. 643.
MÉ, *Particule. C'est une adjonction*, Bi. 402.
MEBORI, Méboti. *Trouver*, Bo. 429.
MECHO. *Chat*, P. 18.
MEIOU. *Pain de Cassave*, Bi. 423.
MENÉ. *Bien*, *beaucoup*, Ms.
MENEBOUI? *As-tu apporté?* Bi. 404.
MENEPOUI. *Mener*, *conduire*, *faire venir*, Bo. 411.

Paporo aou poïtoli menepoui.
Je menerai tous mes gens.

MEPATOEN. *Cinq*, Yais. Laet. 642.
METOUTOU. *Assiette à mettre de la viande*, Bo. 394.
MOBOUI. *Tu es venu! C'est leur compliment quand quelqu'un arrive*, P. 24.
MOBOYA. *Voyez* HYOROKAN.
MOCA. *Sortir*, Bo. 415.
MOCAYA, Moncaya. *Espece de chou palmiste*, M. R. Barr. 89.
MOCO bouroulourébo. *Chez celui-là*, P. 28.
MOCÉ, Moco, Moncé. *Celui-là*, *lui*, P. 6. Bo. 414. Cet. 407. *On ôte quelquefois l'é de la fin*, *&* *on dit* moc, Bi. 407.
MOCE CAYE. *Celui-là*, Bo. 398
MOCHIMBÉ. *Pesant*, *lourd*, Bo. 415.
MOE', Moïa. *Là*, Bo. 411, P. 8.
MOIGNA, Moignata. *Jardin*, Bi. 418, ibid.
MOINOU. *Verge*, *sang*, P. 17, id. 26.
MOMBIN. *Espece de prune*, Bi. 337.

MOMBO. *Rat des Paléturiers*, Barr. 155.

MONAMÉ, Manamé. *Dérober. Voleur, larron*, Bo. 414, Bi. 419, id. 432.

MONIN coignaro. *Avant-hier*, P. 7.

MONTOCHY. *Paletuvier* ou *Paretuvier*, M. R.

MONTOUCHY. *Liége du pays*, M. R.

MORABADO. *Par-là*, Bi. 424.

MORANTUY. *Cuir à souliers*, Bo. 400.

MOROUARA. *Pareil*, Bo. 419.

MOSSA. *Marcher*, Bo. 415.

MOSIMBÉ, Mochimbé. *Pesant, lourd*, Bi. 425. Bo. 415.

MOSSIMBÉ. *Long, massif*, Bo. 414, id. 416.

MOUAMÉ. *Larrons*, Bi. 420.

Sigaliti mouamé.
Sont larrons.

MOUCOU-MOUCOU. *Espece de pied de veau qui tient lieu de liége*, Barr. 160, 79.

MOUCOU-MOUROU. *Tige épineuse*, Barr. Rel. 19.

MOUÉ. *Acajou, fruit*, Bi. 399.

MOUET, Mounay. *Matrice, l'amary*, Bi. 402, id. 394.

MOULCHÉ. *Bois moussé*, M. R.

MOULÉ, Amouléri. *Siege, selle*, Bi. 419. P. 19.

MOULOUTOUCOA. *Espece de potiron*, M. R.

MOUREI. *Arbre fruitier*, Barr. 71.

MOUROTAGO. *Gourde*, Bo. 410.

MOUROU. *Fils*, P. 6.

MOUROU-MOUROU. *Palmier*, Barr. 89.

MOUROUTOUAIOU. *Bouteille*, Bi. 407.

MOUSSA. *Tayove*, Mf.

MOUTETS, Moulets, Moulé. *Blocs de bois en maniere d'escabeaux*, Lab. 375. Barr. 188.

MOUTOU PAPO, Moutou paporé. *Tout par tout* Bi. 430.

MOUTOUXY. *Palmier*, Barr. 86.

N.

NANA, Yayaoua. *Ananas*, Bi. 403. M. R.
NANEGUÉ, Temené, Anagai. *Dormir, repoſer*, Bi. 413. Bo. 405, id. 424.
NAPI. *Patate*, Bi. 424. Bo. 422.
NATALI, Enetali. *Nez*, Bi. 422. Bo. 418.
NATAMOUÉ. *Pleurer*, Bi. 425.
NATANBOUTI. *Rompre, briſer, caſſer*, Bi. 427.
Sambouti, *J'ai caſſé*. Samboutagué, *Je caſſerai.* Empoque, *Caſſe.*
NATAPOUI. *Arriver, aborder*, Bi. 405, 418.
NAUCIPÉ. *Maſſif*, Bi. 416.
NAVIOTA. *Navire*, Bi. 422.
NÉ, Nei. *Ou, disjonction*, P. 8, id. 6.
NEAPO, Paâpo. *Deſcente*, Bo. 404.
NEC? *Qui? que?* Bi. 426.
NECABOUTI, Tigué. *Mordre, piquer*, Bo. 416, Bi. 408, 420 & 421.
Sacaboutigué, *Je mordrai.* Nec aboé, *Mords-le.*
NECBADO. *Par où?* Bi. 423.
NEC MORÉ *SÉ*, Nec moré *do? Qui es-tu?* Bi. 396, id. 397.
Na. Sé & do, *deux Particules.*
NEDO. *En voilà*, Bi. 417.
NEMECOUTI. *Rond*, Bi. 428.
NEMEGADI. *Il m'a donné*, Bi. 412.
NEOUARA. *Comme*, Bi. 401.
NERAMAI. *Retourner, revenir*, Bi. 427.
NERÉ. *Chauve-ſouris*, Bo. 399.
NICONROTI. *Brûler*, Bo. 397.
NICOTÉ, Nicotay. *Crier*, Bi. 410.
NICOUMELY. *Faim*, Bo. 405.
NICOUMELI. *Avoir ſoif, j'ai ſoif, je ſuis alteré*, Bi. 402.

NIMADI. *Rien, je n'en ai point*, Bi. 417.

NIOUI. *Il a blessé*, P. 27.

NIRAMBOUI, Irombouy. *Mort, mourir, décéder*, Bi. 412. Bo. 416.

NIROUNBOUI. *Il est mort*, P. 30.

Niromboui alliré. *Il mourra, mourir tantôt*, P. 30.

NISAN. *Aller, marcher, cheminer*, Bi. 400 & 402.

NISSEN. *Absent, il est parti*, Bo. 393.

Ao NISSENDO. *Je m'en vais*, Bo. 432.

NISSENTECOSSI. *Courir*, Bi. 402.

NOBOUI. *Venu*, Bi. 431. Bo. 417, id. 430.

NOENE, Nonna. *Lune*, Yais. Laet. 642.

NOEYERII. *Œil*, Laet. 642.

NOKÉ, Anoké. *Qui, à qui*, P.

NOMÉ, Nomayé. *Tomber*, Bi. 431. Bo. 428.

NOMONE. *Grand*, Laet. 643.

NONNA, NOENE. *Lune*, Laet. 642.

Ils comptent le tems par les Lunes.

NOPO. *Assis*, Bi. 404.

NOTAMBOTI. *Briser*, Bo. 397.

NOUNA. *Lune*, Bi. 419.

NOUROU. *Langue, langueur*, Bo. 414. Bi. 419.

NUCÉ. *Haut, adverbe & adjectif*, Bi. 418.

O.

OBOUI. *Je suis venu*, P. 24.

OCCO. *Deux*, P. 14.

OCO, Occo. *Grands oiseaux, poule d'Inde*, Bi. 425.

OCCOBAYMEMÉ. *Quatre*, P. 14.

OCCOCOA. *Ramier*, P. 18.

OCCONÉ. *Viens, quand on appelle quelqu'un de loin*, P. 28.

OCQUO. *Deux*, Bi. 413.

OCCOIOU. *Couleuvre, ſerpent*, Bi. 410.
OCUNA. *Genou*, Bo. 408. id. 410.
OLY. *Femelle*, Bo. 405. *Femme* (*ma f.* Aouoly,) Bi. 417.
OMA. *Chemin*, Bi. 431. Bo. 399. id 429.
OMECOUTÉ. *Rond*. Bo. 425.
OMOUI. *Pou*, Bi. 425.
ONCAY *ou* Oucay. *Cheveux, poil*. Bo. 400. id. 421.
ONEÇALI. *Marchandiſes de toutes ſortes*, Bo. 417.
ONEINÉ. *Oublier*, Bi. 410.
ONCAY. *Poil*, Bo. 421.
ONOURÉ. *Héron*, Barr. 127.
ONQUE. *Ligne, hameçon*. Onque ſoubai. *Pêcher à la ligne, à l'hameçon*, Bi. 417.
OOKEBETÉ. *Plante*, Barr. 110.
OOUIN. *Un*, P. 14.
OOUINCOMAN. *Un ſeul*, P. 14.
OPANO. *Canard ſauvage*, Barr. 125.
OPI, opito. *Baigner, ſe laver*,
OPOUMÉ. *Vingt*, Bi. 397.
OPOUPOUME'. *Quarante*, Bi. 397.
OQUILI. *Homme, mâle*, Bi. 421.
OQUIRI *ou* Oquily. *Cocq, mâle*, Bo. 402. id. 411 & 416.
ORANA. *Deviſer, caquetter, parler beaucoup*, Bi. 412.
OROA, Oroua, *Trois*, P. 14. Bo. 429.
OROU. *Sçavoir*, Bi. 430.
OTALI. *Cœur*, Bo. 401.
OTÉ? *Quoi? comment, combien*, P. 27. Bo. 400. id. 401.
OT'EBÉTÉ? *Combien veux-tu de cela? Quoi? combien en échange?* P. 27.
OTÉBÉTÉMÉ. *Que veux-tu pour cela?* Bo. 424.
OTÉ Mólo. *Que veux-tu?* P. 27. *Quoi? toi? en*

supprimant le mot veux, *& la premiere lettre d'ámólo qui veux dire* toi.

OTO, Oüatto. *Poisson*, Bi. 425. P. 18.
Oto sepiné. *Pêcher du poisson*, Bi. 424.

OTOLI. *Viande*, Bi. 432. Bo. 430.

OTONOMÊ. *Pourquoi*, Bi. 425.

OTTORO. *Combien*, P. 8.

OUA. *Non*, Bi. 422.

OUA Ouaca. *Sœur*, Bo. 427.

OUADEI. *Ne fais pas cela*, P. 30.

OUACAPOU. *Arbre qui est de durée dans l'eau*, Ms.

OUACÉ. *Non pas*, Bi. 426.

OUAHEU. *Tayove*, *plante*, M. R.

OUAIPO. *Savane*, *prairie*, Bi. 418.

OUALI. *Fille*, Bo. 416.

OUALIMÉ. *Guerre*, Bo. 408.

OUAMONOU *Pleurer*, Laet. 643.

OWANNA. *Espece de petit Crocodile*, Laet. 644.

OUAN. *Miel*, Bi. 422.

OUANAN. *Miel.*, Bo. 417.

OUANAN. *Absent qui n'y est pas*, *composé de la négation* oüa, & nan, Bi. 399.

OUANANCETÉ. *Ecoute parler.* Ouanan ceté. *Non. Voyez, attens à tantôt.* Alié té cé, Bo. 405.

OUANAPO. *Ce qui appartient à quelqu'un.* Ano-k'ouanapo, *à qui est cela?* P. 27. P. 28.

OUANÉ. *Non*, P. 8.

OUAIKARÉ. *Paresseux*, *animal quadrupede*, Barr. 154.

OUAKARÉ. *Heron*, Laet. 643.

OUANGLE. *Sesame*, *plante*, Barr. 48.

OUANCUE Ouangle. *Vomir*, *nom donné à une plante qui excite le vomissement*, *& à laquelle ils ont donné le nom de son effet*, M. R.

OUAOUIMÉ. *Manger*, Yais. Laet. 943.

OUAPA. *Arbre excellent pour la charpente*, Barr. 84.

OUAPEROU. *Cormorand*, *oiseau*, Barr. 129.

OUAPOTO, *Feu*, Laet. 643.

OUARA. *Palmiste épineux*, Bi. 423.

OUARIRI. *Mangeur de fourmis*, Barr. 162.

OUALAYMAN, Aourleman. *Très-bien*, Bi. 427. Bo. 429.

OUAROUA. *Crabe blanc*, Barr. 184.

OUAROUCHI, Ouararouchi. *Arbre de suif*, M. R.

OUASSAI. *Palmier nommé Pineau par les François*, Barr. 142 & 88.

OUASSARI. *Cerf*, Laet. 643.

OUASSI. *Blé d'Inde*, *pineau*, Bi. 421.

OUATAYEMANA. *Nager*, Bo. 418.

OUATAYMANO. *Tirer à la rame*, Bo. 428.

OUATÉ. *Merde*, Bo. 416.

OUAT. *Non*, *ne*, *négation*.

Quand ils la mettent devant un mot qui commence par une voyelle ils ajoutent un T.

Aminé oua. Ouat animé.

Manger non. Non manger.

OUATI. *Non*, P. 8. Laet. 643.

OUATINAN. *Point du tout*, Bo. 422. id. 422.

OUATIRIOUAROU. *Petit mangeur de fourmis*, Barr. 163.

OUATOQUINÉ, maitaguiné. *Fumée*, Bi. 416. Bo. 408.

OUATO Vhebé, hué hué. *Bois de feu ou qui étant frotté allume du feu*, Barr. 179.

OUAYE, Ouyaye. *Arbre dont les feuilles servent à couvrir les maisons*, M. R.

OUBINO. *Mis après le mot*, *signifie sous*, *dessous*, *au-dessous*, P. 7.

OUBOUPPO. *Tête*, P. 17.

OUCLE. *Liane grosse & épineuse*, M. R.

OUEBO. *Par-là.* Oüebo moça (*sors*) *va par-là*, Bo. 430.

OUECOU, Ocquo, Occo. *Deux*, Bo. 404. Bi. 413. P. 14.

OUEPO. *Isle*, Bo. 413.

OUETOU. *Sommeil*, P. 30.

OUIOUI. *Coignée*, *hache*, Bi. 409. P. 20.

OUICOU, Oboucou. *Breuvage.* Oüicou, Oúocou *de France*, *vin*, *eau de vie*, P. 24.

OUIMBO. *Ventre*, *entrailles*, *boyaux*, Bi. 431.

OUINO. *De côté*, *de tous côtés*, *contre*, *vers*, P. 7.

OUIPI. *Haut*, Bo. 411.

OUIRABAMA, Occabaimemé. *Quatre*, Bi. 426. P. 14.

OUKÉLI. *Mâle*, P. 12.

OULANA. *Espece de lievre*, P. 19.

OULEMARY. *Arbre sur les feuilles duquel on écrit*, Barr. 187. & 84.

OUMATA. *Hanche*, Bo. 409.

OUOÉ. *Hâche*, Laet. 643.

OUOLIOUOLI. *Soufflet à feu*, P. 20.

OUORI. *Femelle*, P. 12.

OUPAOU, Oubaou. *Isle*. P. 6.

OUPOUPOU, Opoubo. *Tête*, *le chef ou la tête*, Bo. 428. Bo. 399.

OURANA. *Espéce de lapin*, Barr. 153.

OURAPAX, Ourába. *Arc*, Bi. 404. P. 21.

OUROUCOUREA. *Huëtte*, *chat huant*, Barr. 148.

OUROUQOUA. *Espece de ramier*, Barr. 137.

OUSSA. *Je vais ; c'est souvent leur façon de prendre congé à la fin d'une visite*, P. 24.

Oussa irounbo, anólé óüa. *Je m'en vais ; c'est*

ce qu'ils disent à la fin d'une visite, quand ils prennent congé, P. 30. P. 24.

OUSSALI, Oussari. *Cerfs*, P. 18. Laet. 643.

OUMALI. *Perdre, j'ai perdu*, Bi. 410.

OUTAPO. *Ce qui bout*, P. 27.

OUTOBONÉ. *Habitans*, Bo. 410.

OUYAMON. *Tortuë de terre*, Barr. 166.

OUYAMOURQ. *Grosse tortue de mer*, Barr. 163.

OYA. *Où est-ce ?* Bo. 419.

Oya moussa. *Où vas-tu ?* Oya. *Par où ?*

OYABATONÉ. *Dix*, Bo. 405.

OYETONAI, Atonéigné. *Cinq*, Bo. 400. P. 14.

P.

PA, *à la fin d'un verbe signifie souvent une négation. Tous les bois, plantes & arbrisseaux qui finissent en* pa, *indiquent quelque chose d'onctueux.*

Mapa, Ouapa, Maripa, *&c.* Ms.

PAC. *Espece de renard*, Bi. 340.

PACA. (*Mot Espagnol.*) *Vache, bœuf*, Bi. 432. Bo. 397.

PAGANAI. *Faucon, oiseau de proie*, Barr. 130.

PAGARA. *petit Panier*, Bi. 423. Lab. 375.

PAGARA. *Lézard-Caïman. Il se mange*, Barr. 154.

PAK. *Espece de lapin*, Barr. 153.

PAKAME, Yaveboayre. *Espece de raye*, Laet. 644.

PAKAU. *Ramier gris*, Barr. 137.

PALAPI. *Plat, assiette*, Bi. 425.

PALASSARI. *Pertuisane, hallebarde*, P. 25.

PALIPOU. *Palmier*, Barr. 89.

PALINOD. *Boisson faite par les femmes, blanche, jaune, rouge*, Lab. 380.

PANA. *Oreille*, Bo. 418. Bi. 423.

PANABANA. *Demoiselle, espece de liane*, Barr. 182.

PANACOCO. (*petit.*) *Plante.*

PANNAEE. *Oreille*, Yais. Laet. 642.

PANIGO. *Sanglier*, *de la grande espece*, Laet. 643.

PAPAYE. *Espece de pomme de rambour*, Bi. 338.

PAPE. *Pere*, Yais, Laet. 642.

PAPO. *Tout*, Bo. 429. Bi. 30.

PAPORÉ. *Tous*, Bo. 429.

PARAKA. *Espece de Faisan*, Barr. 140.

PARANA. *Mer.*

Parana polipé, *Mer en furie*, *tempête.* Parana tariqué, *Tempête sur mer*, Bi. 421. Bo. 428.

PARALOU. *Crapaud*, Bi. 410.

PARANOUW. *Boisson qu'on fait avec de la cassave & qui se conserve dix jours; elle est très-bonne: les Jayets & les Aiwaques y excellent, &c.* Laet. 641.

PARECOUTAY. *Plante*, Barr. 84.

PARONA. *Mer*, Laet. 643.

PATAGAI. *Arbre*, Barr. 92.

PATAGAI. *Asnon de fleuve*, Barr. 170.

PATAOUA. *Palmier*, Barr. 88.

PATIOULY. *Palmier*, Barr. 90.

PATONEBO. *En forme de croix*, P. 30.

PATOUMOU. *Plante*, Barr. 13.

PATYRA. *Espece de cochon*, Barr. 161.

PASSANY. *Mulet*, Barr. 175.

PASSIAW. *Boisson qu'on fait avec la cassave, & qui peut se garder cinq jours*, Laet. 641.

PAYA. *Grive de fleuve*, Barr. 180.

PAYA. *Boisson*, Barr. Rel. 202.

PAYRA. *Bois de lettre*, Bi. 406.

PEABO. *Descente*, Bi 412.

PEEAIO. *Piaye*, Laet. 641.

PEMOONE. *Vingt*, Laet. 642.

PENA. *Une Porte*, Bi. 409. Bo. 421.

PENARÉ. *Autrefois*, *il y a long-tems*, Bo. 405.

PEPEIGUÉ. *S'asseoir*, Bo. 426.
PEPEITE. *Air*, *vent*, Laet. 643.
PEPERITO. *Vent*, Bi. 431.
PERO. *Chien*, P. 18. Laet. 642.
PIAYE. *Chirurgien*, *Médecin*. Bi. 408.
PICA. *Espece de faisan*, Barr. 140.
PILPLII. *Pere*, Laet. 642.
PINGO. *Sanglier de la grande espece*, Laet. 643.
PINPAGUÉ. *Va-t'en faire.*
PIPA. *Futaille*, *tonneau*, Bi. 416. Bo. 428.
PIQUA. *Pet*, Bo. 420.
PIRA. *Voile à navire*, *à canot*, Bi. 432.
PIRA TIMINERE. *Bois de lettre*, Laet. 645.
PIRIPIRI. *Marais*, *étang*, Bi. 421.
PIROTÉ. *Plomb*, Bi. 425.
PIRITOU. *Cristal*, Bi. 411.
PITANI. *Jeune enfant*. Bo. 413.
PLATAÑA. *Bananes*, *fruit*, Bi. 407.
PLIA, Plioüa. *Fléche*, Bi. 416. Bo. 408. P. 21.
POCKIERO. *Sanglier de la petite espece*, *qui a le nombril au milieu du dos*, Laet. 643.
POEPE. *Pieds*, Yais. Laet. 642.
POÉTAI YA YA. *Pians*, *espece de vérole*, I. P. 23
POGUÉ. *Tuer*, Laet. 643.
POINGA, Poinco. *Sanglier du pays*, *cochon*, *pourceau*, Bi. 409. P. 18.
POITI. *Vérole*, Bo. 430.
POITO. *Jeune homme*, Bi. 407.
POITOLI. *Gens*, *soldats*, *camarades*, Bo. 410.
POLLELII. *Cuisse*, Yais. Laet. 642.
POLIPÉ. *Agité*, *en furie*, *rude*, *difficile*, *vague de la Mer*, Bi. 421. id. 431.
POLOTO. *Pain de froment*, Bi. 423.
POMI. *Piment*, *poivre du Brésil*, Bi. 424.
POPEIGNÉ. *Assis*, Bo. 394.
PORÉ, *Debout*, Bo. 404. Bi. 412.

Poré Tabater. *Se tenir debout, droit*, Bi. 430.
POSSIROU. *Especes de flèches faites avec la tige d'une espece de roseau*. Barr. 169.
POTO. *Particule qui marque un tems futur.*
POTOLI MANAYÉ. *Capitaine-Général*, Bo. 403.
POUGOULY. *Arbre qui rend du lait, lequel empoisonne les flèches. Figuier sauvage*, Barr. 169.
POUPOUBATORET. *Vingt*, Bo. 431.
POUPOURONÉ. *Quinze*, Bo. 423.
POURONNÉ, *une Fille*, Bo. 408.
PRAPRA. *Petit poisson*, Barr. 170.
PYELAPO. *Poitrine*, Yais. Laet. 643.

Q.

QUACHI. *Renard*, Barr. 168.
QUACHIRY. *Boisson*, Barr. 202.
QUERECI, Kerémessi. *Rasoir*, Bi. 427. P. 20.
QUEREMEREY. *Rezeuil*, Bo. 424.
QUIOQUIO. *Oindre, graisser, nom donné à la graisse qu'on tire des noyaux de l'*aouara, Ms.
QOUATA. *Espece de singe*, Barr. 150.

R.

RABA. *Aussi*, Bi. 405.
Amoré raba. *Et toi, toi aussi*, Bo. 395. id. 405.
RAGABEUMBA. *Chancre*, Barr. 185.
RAPARAPA. *Tortue de terre*, Barr. 165.
RAPONNE *Oye* ou *canard*, Laet. 644.
RAPOU. *Couteau*, Laet. 643.
RATONI, Touli. *Rat*, P. 18.
REIBEGUA. *Contre, contraire*, Bi. 410.
REIMI. *Col*, Bi. 409.
REKICINNI. *Espece de salicaire*, Barr. 101.

REQUIEN. *Poisson très-gros*, Bi. 350.
RI *ou* RY. *Graine.* Mſ.

S.

SABISABI. *Pays marécageux*, P. 16.
SABOULI. *Voyez* SIBOULI.
SACOU. *Pourpier*, Bi. 425.
SAECKEE, *Mere*, Laet. 642.
SAGOIN. *Eſpece de ſinge*, Barr. 151.
SAGOU. *Eſpece de palmiſte qui vient en quantité dans les lieux marécageux vers l'embouchure d'Orenok*, Barr. 149.
SALUA, Sarua. *Je te ſalue, Adieu, c'eſt ce qu'ils diſent quelquefois quand ils prennent congé*, P. 24.
SAMOUI. *Couvrir (les caſes,)* Bi. 411.
SAOUACOU. *Eſpece de mangeur de brebis*, Barr. 128.
SAOUARI. *Mot composé de* Saouara, *piquant, & de* Ri, *grain. Nom donné à un arbre dont la graine eſt piquante*, Mſ.
SAOUARI. *Amandier*, Barr. 101.
SAOUAROU. *Crabrier, oiſeau*, Bi. 411.
Saouary, Saouarou. *Eſpece de bois*, M. R.
SAPATA, (*mot Eſpagnol*) *Soulier*, Bi. 429.
SAPOUY, Sapoüe. *Prendre, prends*, Bo. 430. Bi. 419, id. 426.
SARABADO, Cerabado. *Adieu*, Bi. 400. Bo. 395.
SARABOU. *Serpe*, P. 20.
SARÉ, *Porter.* Saretan, Saretum, *Je porterai.* Aletangue, *Porte*, Bi. 426.
SAROMBO. *Feuilles d'arbres*, Bo. 408.
SATOCHEY. *Coudre*, Bo. 402.
SAUTI. *Sel*, Bi. 428.
SÉ. *Particule qui ne ſert qu'à l'élégance*, Bi. 431.
SEBEGACÉ. *Vendre*, Bi. 431.

SEBEGADI, *j'ai donné.* Sebegatagué, *je donnerai.*

SEBEGATI, Sibegati, Cibegati, Sebagati, *Acheter, traiter*, Bo. 399. Bi. 405 & 424.

SEBOLI. *Trouver*, Bi. 418.

SECOUTI. *Entendre, ouïr.* Aou ſetay, *j'ai entendu.* Setei, *entends, écoute*, Bi. 414.

SEGALITI, Tai qué mé. *Dire, enſeigner, montrer, parler.* Igalique, *Dites-lui.* Segalitagué, *Je dirai*, Bi. 404 & 413.

SEMARAPE, *Arc*, Laet. 642.

SEMINÉ. *Court*, Bi. 409.

SENAPOU *ou* SINAPOU. *Bois à enyvrer*, M. R.

SENÉ. *Voir, regarder.* Senem, *j'ai vu.* Senetagué, *je verrai.* Bi. 431.

Amoré ſené ieppo. *On lui voit les os.* Bi. 420 & 431. *toi voir os.*

Séné. *Que je voie, voyons*, P. 28.

SÉ NISSAN. *J'apporte*, Bi. 403.

SEPINÉ. *Pêcher du poiſſon*, Bi. 424.

SERICA. *Étoiles*, Bo. 404. Bi. 412.

SERPO. *Demi pique ou ſponton de bois de lettre, en uſage chez les Palicours*, Barr. 167.

SETEBOUI *ou* MENEPOUI, Seneboüi. *Venir.* Noboui, *Venu.* Noboui erebo, *Je viendrai ici*, Bi. 404, 431. Bo. 430.

SETEY, Cicouti. *Entendre, ouïr*, Bo. 404, 405.

SIBARALI. *Fer*, Bi. 416.

SIBARI. *Raye*, P. 18.

SIBIGRI. *Miroir*, Bi. 421.

SIBIRIRI. *Scorpion. Conſtellation*, P. 19.

SIBOGAIE. *Tuer, percer avec une flèche, aſſommer*, Bi. 399. Bo. 425.

SIBOULI, Sabouli, Setapouri. *Cuire, faire cuire.*

SICAROU. *Sucre*, Bi. 430.

SICAYE. *Couper.* Mſ.

SICOMBOGUÉ. *Uriner*, Bi. 431.

SIMAROUMBA. *Racine contre la dissenterie*, Barr. & Rel. 204. Ess. 50.

SIMOULABA, Vüé vüé. *Planche*, P. 11, Bi. 409.

SIMÉRO. *J'écris*. Animeropa, Animero pa oua, *Je n'écris pas*.

Il semble qu'à la négation pa, *on ajoûte quelquefois celle de* oua.

Animeropa man, *Tu ne l'écris pas*. P. 28.

SIMOUKOU. *Aiguille*, *poisson*, Bi. 169.

SIMOURABA. *Plante*, M. R.

SINAPI. *Bon à manger*, Bi. 422.

Moc esperibo tabiré Sinapi.

Ce fruit mûr est bon à manger.

SINAPOU. *Bois à enyvrer*, Barr. 19 & 159.

SINERI. *Boire*, Bi. 406.

SIPANAOU, Sipanaze. *Démanger*, *Démangeaison*. *Nom donné à un Arbre qui produit cet effet quand on le travaille*, Ms.

SIPO. *Arbre qui rend une résine blanche*, Barr. Rel. 198. & Ess. 107.

SIRI. *J'ai mis*, *je mettrai*, Bi. 422.

SIRIOROU. *Plante*, Barr. 7.

SOMBRERO. *Chapeau*, P. 23.

SOROPO. *Côte du corps*, Bo. 402. Bi. 410.

SOSSO *ou* PÉRO. *Chien*, P. 18.

SOSSOPERO. *Acassier*, *plante*, Barr. 62.

SOUBARA. *Epée*, P. 21.

SOUKOUROUROU. *Petite sarcelle*, Barr. 146.

SOULINGUÉ, *Retourner*, *revirer*, Bi. 427.

Souligataguė, *je retournerai*. Olincaïcaie, *retourne*.

SOUPI, Soubi. *Chercher*, Bo. 399. Bi. 408.

SOURA. *Maison*, Bi. 418, 420.

SOY. *L'enfer qu'ils croient être dans les entrailles de la terre, où sont portées les ames de ceux qui ont mal vécu*, Laet. 641.

SOYE. *Terre*, Yais, Laet. 643.

SURA. *Carbet à un étage*, ou *case haute*, Barr. 142.

SYMARE. *Fléche*, Laet. 642.

T.

TA, ou Taça. *A la fin du mot*, P. 6. *A*, *au dans*, *dedans*.

TABATER PORÉ. *Se tenir debout*, *droit*, Bi. 430.

TABIRÉ. *Mûr*, *meur*, Bi. 422.

TABOUY. *Carbet*, Barr. 131.

TAÇA. *Voyez* TA.

TAÇIBA. *Barbe*, Bi. 406.

TACOURAOUA. *Pierre verte*, Bo. 422.

TAFIA. *Eau de vie de sucre*, Barr. Rel. 39.

TAGE. *Deux*, Laet. 642.

Tage, Yeclyckené. *Sept*, Laet. 642.

TAGYNE. *Quatre*, Laet. 642.

Tagine Yeclyckené. *Neuf*, Laet. 641.

TAMARIND. *Espece de Singe*, Barr. 151.

TAMON. *Esclave*, Bo. 404.

TAMOUCO. *Dieu de quelques Sauvages qu'ils croyent habiter la region supérieure de l'air, & auquel ils attribuent le pouvoir de régir à son gré ce qui est sur la terre*, Laet. 641.

TAMOUÉ, Bi. 420. Tamouné, Bo. 396. *Blanc*, P. 23.

TAMOUI. *Petun*, Bi. 426.

TAMOUSSY. *Vieillard*, Bi. 219 & 430. *Nom qui indique l'idée de Dieu, comme du plus ancien d'eux ou grand-pere.*

Tamoussy Cabou. *Le Viellard du Ciel*, Bi. 412.

Tamoussy baba. *Grand-pere*, Bo. 408.

TANA. *Je ne sçais*, Bo. 411.

TANGLA. *Oiseau de Savane*, Barr. 138.

TANHA. *Figure*, Barr. 216. Anaan tanha. *Figure du Diable.*

TAPA. *Radeau fait avec des bois mols & légers sur lequel les Indiens passent les rivieres & les étangs*;

il ne porte souvent que deux ou trois personnes, Laet. 403.

TAPANAPIOU. *Bois incorruptibles, propres à faire des fourches*, Lab. 372.

TAPANO. *Vicou* (Ouicou) *en pâte pour faire de la boisson*, Barr. 178.

TAPANON. *Pâte à faire de l'Ouicou, du Ouacou*, Bi. 424.

TAPIO. *Tante*, Bo. 428.

TAPIR. *Espece de Cochon*, Barr. 160.

TAPIRÉ. *Rouge*, Bi 428. *Jaune*, Bo. 411.

Tapiré. *Fleche qui, au lieu de pointe, n'a qu'un bouton comme un fleuret, qui écrase l'estomac des petits oiseaux sans les percer*, Lab. 390.

TAPONIOU. *Grand Carbet, dans lequel ils reçoivent les étrangers, font leurs vins & leurs rejouissances*, Lab. 372, 406.

TAPOPIRÉ. *Large*, Bo. 414.

TAPOU. *Pierre*, Laet. 643.

TAPOUIMÉ. *Beaucoup*. Bo. 397.

TAPOINÉ. *Pour exprimer un grand nombre, en prenant une poignée de leurs cheveux, & en la montrant*, Lab. 404.

TAPOUROUMÉ. *Blanc*, L. 643.

TARANÉ, Tourené. *Vrai*, Bo. 431.

TARENÉ. *Est-il vrai?* Bo. 432.

TARESSINGA, Tarsinga, *Tu mens*, Bi. 421.

TARIRI. *Arbre*, Barr. 106.

TAROUSSÉ. *Purger, aller à la selle*, Mf. *Nom donné au Ricin, dit* Palma-Christi *par les Portugais, parce que cette plante purge.*

TASE. *Venir*, Laet. 643.

TASSIERAY. *Clair*, Bo. 401.

TASSIERI. *Clair. Serein*, Bi. 409.

TATHOU. *Mouche à Tathon*, Barr. 194.

TATOU. *Espece de petit Renard*, Bi. 340.

Tatou-Kabassou. *Animal qui sent le musc*, Barr. 153.

TAUHA. *Espece de Perroquet*, Barr. 144.

TAVIRÉ. *Blond ou roux*, P. 23.

TAUPOU. *Roches, Caillou, Pierre*, Bi. 42.

TAYA. *Choux*, Bi. 408.

Taya-Taya. *Oiseau appellé Bec à cizeaux ou Coupeur d'eau*, Barr. 135.

TAYRA. *Grosse Belette*, Bar. 155.

TÉ. *Appeller*, Oté té amoré. *Comment t'appelles-tu ?* Bo. 400.

Té Cé. *Attendez*.

TEGANÉ. *Courir, aller vîte, avancer*, Bi. 410.

TEGUERÉ, Tigueré. *Puer, sentir mauvais*, Bi. 430 & 415.

Tegueré oua. *Sentir bon, puer non*, Bi. 430.

TEIGABA. *Contre*, Bo. 401.

TELAONÉ. *Vîtement*, P. 8.

TELENÉ. *Voler en l'air*, Bi. 418.

TENARIGUÉ, Tenarequien. *Avoir peur, trembler de peur, craindre, étonner*, Bi. 424, 430.

TEMENÉ, Nanegué. *Dormir, je dors, j'ai dormi*, (par periphrase) *je suis saoul de dormir*, Bi. 313.

TEPOCHINÉ. *Doux*, Bi. 414.

TEQUERÉ. Tigueré. *Jaune*, Bi. 418, 409.

TERRÉ. *Oui*, Bi. 423.

TERREWAN Yeclickene. *Huit*, Laet. 642.

TERREWAW. *Trois*, Laet. 642.

TERIQUÉ, *En colere, courroucé, fâché*, Bi. 408.

TETALIGUÉ. *Plein, rempli*, Bi. 418, 424.

TETAROUNÉ. Tetarounaia. *Faim, avoir faim*, Bi. 416.

TEWYN. *Un*, Laet. 642.

Tewin Aboné. *Onze*, id.

Tewin Yeclyckene. *Six*, Laet. 642.

THOUAROU. *Hirondelle*, Barr. 134.

THOUYOUYOU. *Grue, oiseau vorace*, Barr. 133.

TIABO MÉ. *Torrent d'eau*, Bo. 428.

TIBOUROU. *Brun ou noir*, Bo. 397.

TIBOUROYÉ. *Noir*, P. 23.
TICAGUÉ Bi. 417. Tikacay, Bo. 410. Toutacai. P. 29. *Gras*, Toutacai man. *Fort gras, enflé*, P. 29.
TICANÉ, Cochi. *Avancer, aller vîte*, Bo. 394. Bi. 404.
TICASKET *ou* TICASQUET. *Roseau à faire des paniers*, M. R.
TICHÉ. *Loin*, P. 8.
TICOCONAY. *Crochu*, Bi. 420.
TICONOMÉ. *Apostume*, Bi. 405.
TIGAMI *ou* DIGAMI. *Petit frere, mon fils, petit enfant*, Bo. 403, Bi. 404. 416.
TIGAMINÉ, Tigominé, Ticominé. *Avoir froid, trembler de froid*, Bo. 429. Bi. 430.
TIGARÉ. *Rouge brun*, Bi. 428.
TIGOCONÉ. *Crochu*, Bi. 411.
TIMERÉ. *Peindre, peinture*, Bo. 420. Bi. 424.
TIMEUOLÉ, Timoneuolé. *Marqueté, tassité, tacheté de blanc & de noir*, Bo. 428. Bi. 430.
TIMOCA, Nimocen. *Bouillir*, Bo. 396.
TIMOUNOURÉ, Inuouénouré. *Sang*, Bo. 423. Bi. 428.
TIMOUERÉ. *Ombre*, Bo. 418. Bi. 423.
TINAMOU. *Grosse perdrix*, Barr. 139.
TINTIN. *Marteau*, P. 12.
TIPOCHINÉ, Tipechiné. Tibouchiné. *Meilleur, très-bon à manger*, Bo. 429. Bi. 422 & 429. P. 13.
TIQUE. *Pou*, Barr. 204.
TIROMOSSÉ. *Un corps mort*, P. 18.
TIROU. *Canon*, P. 8.
TISSÉ. *Eloigné*, Bo. 404.
TITAGUERINÉ. Tetaguetinay. *Chatouiller*, Bi. 408.
TOBOU. *Pierre*, P. 7.
TOCOCO. *Flamand*, *Oiseau*. Barr. 140.
TOMOIN. *Echauffure*, P. 22.
TONABIMÉ. *Menteur*, P. 25.

TONIMEROU. *Tonnerre*, Laet. 643.
TONNAINNE. *Portugais*, Bi. 420.
TONOLO. *Oiseaux*, P. 18.
TONORIMISSI. *Très-petit oiseau délicat & de peu de substance*, Lab. 390.
TOPPÉ. *Dur, fort*, Bi. 431. Topéman, *très-fort*. Bo. 429.
TOPIOUROUME. *Noir*, Laet. 643.
TOROUA. *Marmite, Pot, Chaudiere*, Bi. 421.
TOTO. *Ennemi*, Bo. 404.
TOUALÉ. Touali. *Fol*, Bi. 416.
TOUALOPA. *Je n'entends pas, Je ne sçais pas*, P. 27.
TOUARÉ. *Sage*, Bo 408. *Sçavant*, id. 426.
TOUAREPAEUA. *Sage*, Bo. 425.
TOUAREPAN, Touarpon. *Fol*, Bo. 408.
TOUAROUQUE. *Rouge*, Mf.
TOUBY. *Huile*, Bo 411.
TOUKA. *Arbre*, Barr. 27.
TOUKAN. *Gros bec*, Barr. 441, Bi. 394.
TOUKÉ. *Souvent, beaucoup*, P. 7.
TOULI. *Rat*, P. 18.
TOUMA. *Pot de terre, Sausse, potage*. Bi. 429, 425, P. 26.
TOUMA ABONÉ. *Trépied pour porter le Canari sur le feu*, P. 20.
TOUNA. *Eau*, Bi. 414.
TOUNANÉ. *Rire*, Bi. 428.
TOUOMOIN. *Ecrouelle*, P.
TOUPO. *Sur, dessus*, Bi. 428, P. 7.
TOURA. *Verser des larmes, pleurer*, Bo. 430, 421.
TOURENÉ. *Vrai*, Bi. 432.
TOURLOORI. *Tête de Roseau qui sert à couvrir les maisons; on les met si près les uns des autres, que l'eau des pluyes ne peut pénétrer*, Lab. 372.
TOUTACAI. *Gras, gros*. Toutacai man, P. 29. *Très-gros, enflé*.

TOUTON. *Calebasse*, P. 20.
TUIMBAGUÉ. *Saouler*, Bi. 429.
Aoimbo. *Je suis saoul.*
J'en ai assez.
Anoimbo. *C'est assez.*
TUROUBOULY. *Palmier*, Barr. 89.

V.

VACCA, mot Espagnol. *Taureau*, *Génisse*, P. 18.
VECABOUROU, Veïabourou. *Chier*, Bi. 408.
VENTAN. *Instrument.* Barr. 192.
VENTOU. *Charpentier*, *espece de Pivert*, Bar. 143.
VERO. *Tu*, Bo. 430.
VETOOUBÉ. *Dormir*, *sommeiller*, Bi. 413.
VETOUBÉ. *Sommeil.*
VEUE. *Arbre*, Laet. 643.
VEYOU. *Soleil*, Bi. 429.
Veyou noboui. *Soleil levant*, Bo. 426.
Veyou nirombouy. *Soleil couchant*, Bo. 426.
VICOU. *Boisson*, Barr. 202.
UNIGUENÉ. *Dormir*, Yais. Laet. 643.
VOERE. *Œil*, Yais. Laet. 642.
UPPÉE. *Herbe dont le suc est bon contre les fléches empoisonnées*, Laet. 645.
VUÉ VUÉ, Hué Hué, Vay Vay. *Bois.*

W.

WACKEHYRRI. *Pieds*, Laet. 642.
WACKENOELY. *Oreille*, Laet. 643.
WACKEWIJRRII. *Tête*, Laet. 643.
WACKOSIJE, *Œil*, Laet. 642.
WADACOELY. *Dents*, Laet. 642.
WADYCKE. *Oreille*, Laet. 642.
WARICARII. *Le paresseux*, *animal.* Laet. 643.
WARYÉE. *Sœur*, Yais. Laet. 643.

WASSIBALY, *Nez*, Laet. 642.
WASSYEBE. *Tête*, Laet. 642.
WASSYERII. *Nez*, Laet. 642.
WATABAYE, *Cuisse*, Laet. 642.
WATTIPA. *Le Diable avec lequel ils croient que leurs Piayes ont relation, soit pour apprendre ce qui se passe dans les lieux éloignés, soit pour sçavoir l'avenir*, Laet. 641.
WECOELIJE, *Soleil, jour* Laet. 642.
WEWE. *Arbre*, Yais. Laet. 642.
WEYO. *Soleil*, Laet. 642.

X.

XERIK. *Les Pleyades*, Barr. 179.

Le retour des Pleyades sur l'horison avec le Soleil fait leur année.

Nª. *Ils placent le sud du côté que les arbres penchent davantage*, P. 180.

XÉROUBAN. *Parler, prier Dieu.* Xerouban Diosso, *parler à Dieu*, P. 27.
XIPOUROU. *Ecureuil*, P. 18.
XIQUE. *Chique*, Barr. 203.
XIRICA. *Chancre*, Barr. 184.
XONO. *Nous mangerons*, P. 27.
XOUROQUOY. *Arbre dont l'écorce en faisant vomir, est bonne contre la dissenterie*, Barr. 205.
XOUROUQUOUY. *Espece de Cerisier*, Barr. 72.

Y.

YA. *Oui*, Laet. 643.
Y'ABOLÉ. *Bâton*, P. 22.
YACALOU. *bois puant*, M. R.
YAKINTAI. *Je suis las*, P. 30.

YAO. *Oncle*, Barr. 124.
YAPPÉ. *Queue de Biche de Savane.*
YAPOU. *Cul jaune*, *oiſeau*, Barr. 141.
YAPOULÉ. *Citron*, Bi. 409.
YAOU. *Oncle* ou *Tante*, Bo. 418.
YAOUAMÉ. *Méchant*, P. 6.
YARIGADO. *Bonjour. Ils ſe ſervent de ce mot pour ſaluer en entrant ſous le Carbet*, Barr. 125.
YARÉ GUENECÉ. *Viens-ça.*
Ya alietecé, *Viens tout à cette heure*, Bo. 431.
YASAI. *Oui*, Laet. 643.
YATAMANGARY. *La plus pompeuſe maniere de piayer*, Barr. 218.
YATOUCHAI. *Bois lézard*, ou *bois agouti*, M. R.
YAUANSY. *Garce* ou *Putain*, Bo. 410, 422.
YECO. *Donne*, Bo. 405.
YEGUEMÉ. *Que ce ſoit mon animal* ou *mon oiſeau*, P. 30.
YÉMAMOUI. *Jour; il eſt jour*, P. 30.
YÉMERALE METAPOEN. *Dix*, Laet. 642.
YEOUINI OMA BOCO AMOUMAN. *De l'un & de l'autre côté du chemin*, P. 29.
Oma, *Chemin.* Boco, *Particule.* Amou, *Autre.*
YEPOTA. *Viſage*, Bo. 431.
YETOMBÉ. *Je ſuis malade*, *j'ai du mal*, P. 23.
YETOMBÉ OUA. *Sain*, *qui n'eſt pas malade*, Bo. 425.
YETON. *Douleur*, P. 22.
YOLOCAN. *Diables*, P. 25.
YOUMALIRI. *Bonnet* ou *Calotte*, P. 23.
YON. *Mari*, Bo. 416.
YOUPAQUAY Banaré. *Bonjour. On dit pour*

l'exprimer simplement, Banaré, *qui veut dire ami, compere*, Bo. 396.

YOUPOPO. *Le chef ou la tête*, Bo. 399.

YOUROUCAN, Jeroucan, Toupan. *Diable*, Bo. 404.

YPOUMA. *Décharné*, Bo. 404.

Z.

ZAGUENETE. *Palmier*, Barr. 86.

ZAMAOUMA. *Fromager*, M. R.

FIN.

ERRATA.

ESSAI DE GRAM. PAge 2, *ligne* 27. moré biromon, *lisez* moré, *& du nom* biromon.

Ibid. *Page* 7, *lign.* 4. aimer, *lisez* être aimé.

Ibid. *Page* 9, *lign.* 13. que l'on cité, *lisez* que l'on cite.

Ibid. *Page* 21, *lign.* 8. communs, *lisez* communes.

DICT. DES NOMS. *Page* 3, *lign.* 17. ouboou, *lisez* oubaou.

Ibid. *Page* 20, *lign.* 7, *lisez* FRANGE. Amotòpourou, P. 23.

DICT. GAL. FRAN. *Page* 92, *lign.* 27, *lisez* ÉNÉKALI, *Marchandises.*

Ibid. *Page* 97, *lig.* 9. *Transposez les mots commençans par* ICAQUE *& les suivans, à la page* 96, *après le mot* IBIRAOBI.

APPROBATION.

J'AI lu par ordre de Monſeigneur le Chancelier deux Manuſcrits ; l'un intitulé, *Maiſon Ruſtique à l'uſage des Habitans de Cayenne*, *par* M. DE PREFONTAINE ; l'autre qui a pour titre, *Dictionnaire Galibi*, par M. D. L. S. La méthode qui regne dans ces deux ouvrages, & l'utilité dont ils peuvent être aux habitans de cette Colonie & à ceux qui voudroient s'y deſtiner, me font croire qu'ils ſeront reçus favorablement du Public, & qu'on ne ſçauroit trop tôt les confier à l'Impreſſion. A Paris ce 10 Juillet 1763.

ADANSON, *de l'Académie de Paris & de Londres, Cenſeur Royal.*

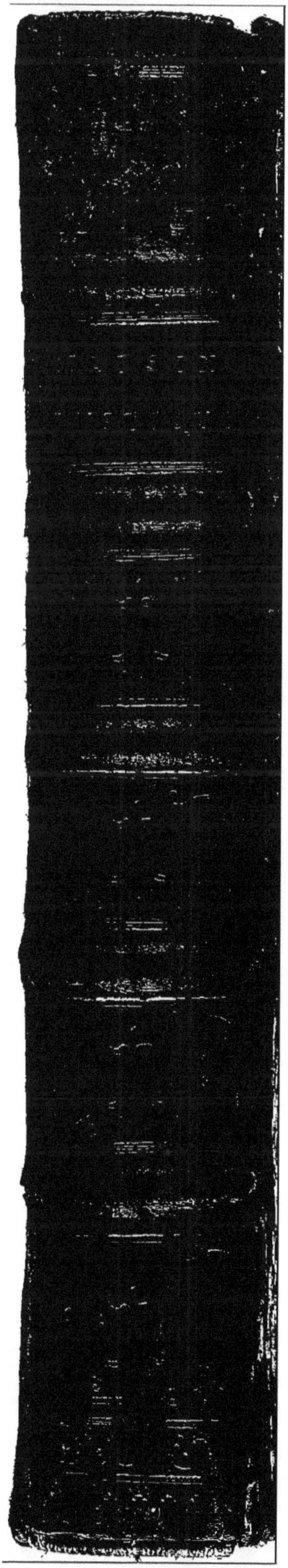

www.ingramcontent.com/pod-product-compliance
Lightning Source LLC
Chambersburg PA
CBHW072043090426
42733CB00032B/2145